金手诀

Le FengShui sur le bout des doigts

Calvin Yap

Traduit par Constance Xue Yao VALSEMEY

Droit de reproduction © 2016 par Calvin Yap
Tous droits réservés.
Première Édition 2016

Il est interdit d'utiliser à des fins professionnelles, de copier, reproduire, transmettre le contenu de ce livre, que ce soit sous forme graphique, électronique ou mécanique, dont la photocopie, l'enregistrement, etc ou par tout moyen d'archivage, sans une autorisation écrite préalable de son auteur.

L'auteur peut être contacté comme suit :

Mail : calvin_yap@yahoo.com
Site internet : http://www.fengshui-hacks.com/
http://fengshui-hacks.blogspot.sg/

Non responsabilité

Le contenu de ce livre (original ou traduit) est fondé sur les connaissances et les expériences de son auteur. Il est destiné à un but éducatif, afin d'aider le lecteur à étendre ses propres connaissances en matière de métaphysique chinoise. La pratique des techniques proposées relève de la seule responsabilité du lecteur. L'auteur ne peut en rien être responsable pour tout dommage ou perte susceptible de résulter, directement ou indirectement, de l'utilisation des informations de cet ouvrage.

Remerciements

À ma famille :

> À mon épouse, Lucy, et à mes deux filles, Denise et Sherry, pour leur compréhension et leur soutien.

À Henry Mok :

> Pour son aide lors de l'édition. Sans lui, ce livre n'aurait pas existé.

À Julian Lee :

> Pour avoir accepté d'être mon premier lecteur et pour m'avoir prodigué ses conseils.

Au Grand maître Vincent Koh :

> Merci d'avoir publié « *Découvrir son destin* », ouvrage dont j'ai extrait des informations utiles concernant le *Shen Sha* (Étoile Symbolique)

À Maître Goh :

> Mon idée de recourir aux extrémités des doigts m'est venue de votre œuvre : « *Notions essentielles sur les Quatre piliers de la Destin*ée »

Par avance, je prie certains auteurs de bien vouloir m'excuser de ne pas les avoir cités, s'ils estiment que leur ouvrage a inspiré le mien ; je ne manquerai pas de le faire dans la prochaine édition.

Contenu

Remerciements 3

Note de l'auteur 7

Note du traducteur 8

   Chapitre 1 – Connaissances de Base 9
   Les Cinq Éléments 9
   He Tu (Carte de la rivière) 10
   Luo Shu (Les Carrés Magiques) 14
   Ba Gua (Le Trigramme) 16

Chapitre 2 – Troncs Célestes 22

   Troncs Célestes 22
   Combinaisons des Troncs Célestes 23
   Les conflits entre Troncs Célestes 25

Chapitre 3 – Les Branches Terrestres 27

   Branches Terrestres 27

三会 **(Sān Huì) Les Combinaisons Saisonnières/Directionnelles** ... 29

   四生 *(sì shēng) Les Quatre Croissances* 31
   La notion de Quatre Croissances se définit selon les caractéristiques suivantes : 31
   四正 *(sì zhèng) Les Quatre Cardinaux* 33
   四墓 *(sì mù) Les Quatre Tombes* 35
   三合 *(Sān Hé) La Combinaison des Trois Harmonies* 37
   三列 *(Sān Xíng) Les Trois Heurts de Persécution / Punition / Amende* 42
   三列 *(Sān Xíng) Trois Heurts de Persécution / Punition / Amende* 42

六冲 *(Liù Chōng) Les Six Conflits/Heurts* 45

自刑 *(Zì Xíng) L'autoflagellation / Punition* 47

六合 *(Liù Hé) Les Six Combinaisons* 49

相害 *(Xiāng Hài) Heurts conflictuels / Désagrément* 51

相破 *(Xiāng Pò) Heurts induits / Destruction/ Rupture* 53

Chapitre 4 – 神煞 (Shén Shā) 55

空亡 *(Kōng Wáng) La Mort et le Vide* 55

驿马 *(Yì Mǎ) Le Cheval Voyageur* 57

华盖 *(Huá Gài) L'Étoile des Arts* 62

桃花 *(Táo Huā) La Fleur romantique* 67

将星 *(Jiāng Xīng) L'Étoile du Général* 72

劫煞 *(Jié Shā) L'Étoile Voleuse* 77

亡神 *(Wáng Shén) L'Étoile de la Mort ou Dieu de la Mort* 82

孤辰 *(Gū Chén) L'Étoile Solitaire* 87

寡宿 *(Guǎ Sù) L'Étoile Isolée* 89

Chapitre 5 – L'élévation de quatre Piliers sans utiliser un calendrier millénaire 91

Tronc Céleste et Branche Terrestre annuels 92

Tronc Céleste et Branche Terrestre du Mois 93

Tronc Céleste et Branche Terrestre du Jour 96

Tronc Céleste et Branche Terrestre horaires 98

Chapitre 6 – Les Étoiles Volantes 101

Chapitre 7 – 8-Manoirs 102

Chapitre 8 – Le San Sha 104

Chapitre 9 – Le Qi Men Dun Jia 108

Le Di Pan	108
Le Tian Pan	110
Le Ren Pan	112
旬首 (Leader - Xún Shǒu)	114

INDEX 116

Livres de l'Auteur 118

Prestations 122

Conseil en Feng Shui	122
Conseil sur l'avenir	122
Enseignement	122
Autres Prestations	122

Note de l'auteur

Cet ouvrage n'est pas destiné à vous enseigner le Feng Shui ou la métaphysique chinoise, ni à vous préciser telle ou telle formule et à vous indiquer laquelle employer. Son seul objectif est d'aider ceux qui s'intéressent au Feng Shui ou à la métaphysique chinoise à mémoriser les formules complexes.

Durant mes propres travaux de recherche, j'ai pu constater par moi-même que certaines formules sont fondées sur plusieurs données et leur vérification exige du temps. C'est ce qui m'a donc incité à chercher une méthode de mémorisation rapide. Déjà les Maîtres anciens s'y prenaient de deux manières : par le biais de la poésie, ou en recourant aux extrémités de leurs doigts.

Normalement, de tels poèmes sont construits sur 3 à 5 caractères répétitifs, se concrétisant par des phrases identiques phonétiquement. Je n'ai pas jugé nécessaire de traduire ces poèmes, de peur d'en perdre la signification originelle.

En conséquence, je reprends dans cet ouvrage, les formules pouvant, par contre, être mémorisées à l'aide des doigts. J'espère sincèrement que ce petit livre vous aidera effectivement à mieux maîtriser le Feng Shui.

Calvin Yap
Fév. 2012

Note du traducteur

Je tiens à remercier Calvin Yap de m'avoir donné l'opportunité de traduire son livre de Fengshui et pour la confiance qu'il m'a ainsi témoignée. Une partie de mes racines familiales étant en effet chinoise, j'ai immédiatement réalisé la chance qui m'était ainsi offerte d'établir un pont entre cette science millénaire chinoise et les lecteurs français.

J'ai de fait éprouvé beaucoup de plaisir à chercher à restituer, de la façon la plus intelligible possible, les astuces développées dans cet ouvrage, devant vous permettre de mieux maîtriser des concepts orientaux, ô combien éloignés de la pensée occidentale.

J'espère donc sincèrement que ce livre répondra à vos attentes et qu'il aiguisera votre appétit pour cette science qui contribuera si fondamentalement au bien-être de votre vie quotidienne.

Constance Xue Yao Valsemey

Juin 2016

Chapitre 1 – Connaissances de Base

Les Cinq Éléments

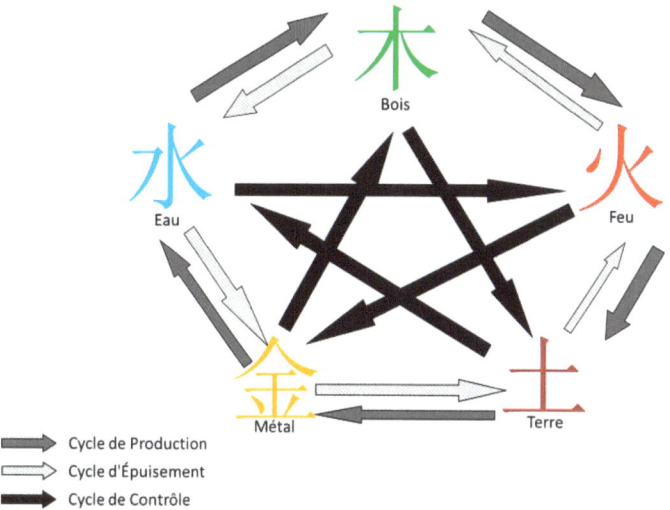

Le concept des Cinq Éléments (五行) est le fondement, ainsi que le concept, le plus important pour comprendre les bases de la métaphysique chinoise. D'anciens sages chinois pensèrent que l'Univers était constitué de cinq éléments principaux : la Terre, le Métal, l'Eau, le Bois et le Feu. Chaque élément a, en outre, ses propres attributs et caractéristiques. Ces cinq éléments suivent la loi de la Nature décrite ci-dessous :

- Le Bois « produit » le Feu, « épuise » l'Eau et « contrôle » la Terre.
- Le Feu « produit » la Terre, « épuise » le Bois et « contrôle » le Métal.
- La Terre « produit » le Métal, « épuise » le Feu et « contrôle » l'Eau.
- Le Métal « produit » l'Eau, « épuise » la Terre et « contrôle » le Bois.
- L'Eau « produit » le Bois, « épuise » le Métal et « contrôle » le Feu.

Clarifications sur le cycle « production » :
- Le Bois « produit » le Feu – on alimente le feu avec du bois pour qu'il brûle.
- Le Feu « produit » la Terre – une fois le feu éteint, il en résulte des cendres qui constitueront la Terre.
- La Terre « produit » le Métal – nous extrayons le Métal de la Terre.
- Le Métal « produit » l'Eau – lorsque le Métal devient froid, l'humidité se condense à sa surface, formant ainsi l'Eau.
- L'Eau produit le Bois – nous arrosons nos plantes (le bois).

 Clarifications sur le cycle « contrôle » :
- Le Métal « contrôle » le Bois – nous utilisons le Métal pour couper le Bois.
- Le Bois « contrôle » la Terre – les racines du Bois pénètrent la Terre.
- La Terre « contrôle » l'Eau – le sol détermine le cours des rivières
- L'Eau « contrôle » le Feu – elle sert à l'éteindre.
- Le Feu « contrôle » le Métal – nous utilisons le Feu pour faire fondre le Métal.

He Tu (Carte de la rivière)

Le He Tu ou Carte de la Rivière aurait pour origine une créature mystique qui aurait émergé du Fleuve Jaune – d'où le nom de « Carte de la Rivière ». Sur le dos de cette créature, se trouvaient des points noirs et blancs, composant la forme ci-après.

```
            Sud
            Feu    ┌─────┐
                   │  7  │
                   ├─────┤
    Est            │  2  │            Ouest
    Bois           ├─────┤            Métal
┌─────┬─────┬──────┼─────┼──────┬─────┐
│  8  │  3  │ 5, 10│     │  4   │  9  │
└─────┴─────┴──────┼─────┼──────┴─────┘
                   │  1  │
                   ├─────┤
                   │  6  │
                   └─────┘
            Nord
            Eau
```

 Explications concernant le He Tu :

- Les Chinois mettent toujours le Sud en haut.
- En utilisant la Chine comme point de référence (c'est là que le Feng shui a été créé), le Sud, qui est plus chaud, est l'élément « Feu ».
- Le Nord, qui est plus froid, est l'élément « Eau ».
- En observant une carte de la Chine, il y a plus de verdure sur la droite, où se trouve le littoral, donc l'Est est le « Bois ».
- Sur la gauche de la carte de la Chine, il y a moins de verdure et plus de montagnes donc l'Est est le « Métal ».
- Au milieu, le grand espace est la « Terre ».

Le He Tu définit 1 & 6 comme le Nord et l'élément « Eau ». Cela revient à dire qu'une combinaison du 1 & 6 équivaut à de l'Eau. Le même principe s'applique pour 2 & 7, qui sont les éléments du Feu et du Sud, leur combinaison étant alors le Feu. 3 & 8 (Est et Bois) ou une combinaison des deux correspondent à l'élément « Bois ». 4 & 9 (Ouest et Métal) ou une combinaison des deux correspondent, pour leur part, au Métal. Enfin, 5 & 10 représentent la Terre.

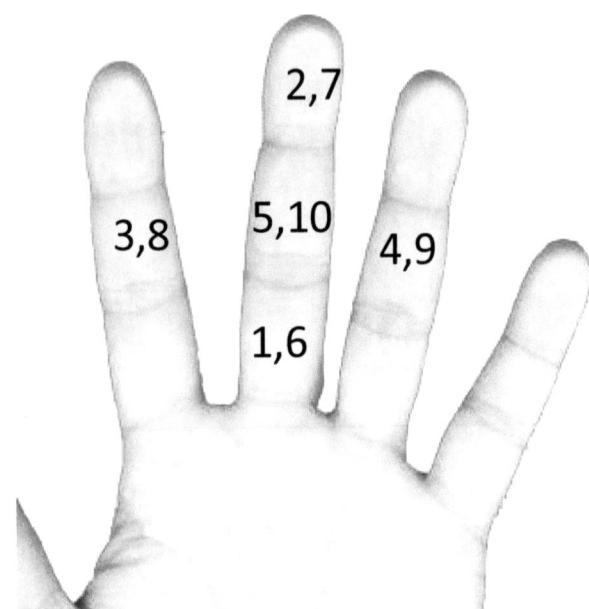

Vous remarquerez alors que, dans certains anciens films chinois, des Maîtres de Feng Shui utilisent leurs mains gauches pour calculer et tirer la divination. Vous pouvez de même employer cette technique pour vous aider à mémoriser le He Tu. C'est bien l'objet de ce livre.

Les déplacements entre les nombres du He Tu se font comme suit sur votre main gauche :

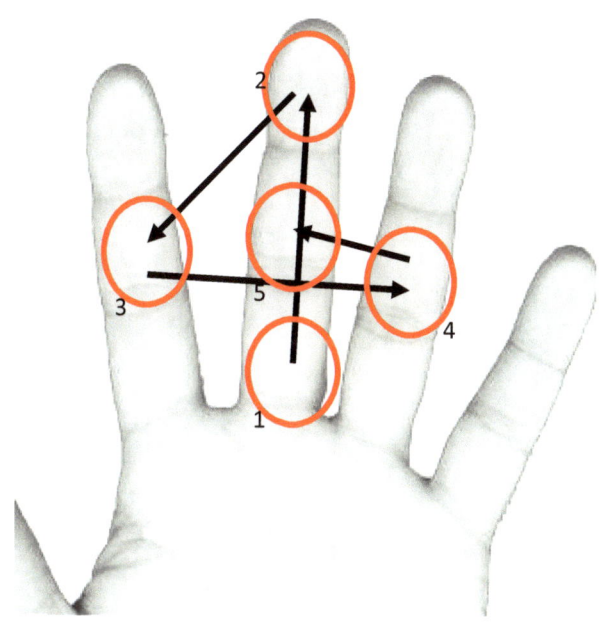

En utilisant votre pouce pour vous guider, déplacez-vous de 1 à 2 puis de 2 à 3, de 3 à 4 et enfin de 4 à 5. Répéter ce mouvement pour vous déplacer de 6 à 7, puis de 7 à 8, de 8 à 9 et de 9 à 10.

Recommandations pour le mouvement de vos doigts :
- Partez du bas (1), allez vers le haut (2) puis vers la gauche, puis la droite et revenez enfin au centre.
- C'est comme si vous écriviez le nombre 4.

Luo Shu (Les Carrés Magiques)

Selon la légende, une tortue géante aurait émergé de la rivière. Sur son dos étaient inscrits des points circulaires arrangés sous forme d'un quadrillage 3x3, également connu sous le nom de « Carrés Magiques ».

	SE	Sud	SO	
Est	4 Bois	9 Feu	2 Terre	
	3 Bois	5 Terre	7 Métal	Ouest
	8 Terre	1 Eau	6 Métal	
	NE	Nord	NO	

 Explications :
- En diagonale, la Terre est représentée en 2, 5, et 8
- Le Feu (9) est au Sud (comme pour le He Tu)
- À l'opposé du Feu se trouve l'Eau (1) au Nord (comme pour le He Tu)
- Le Métal est en 6 et 7, à l'opposé du Bois (3 et 4)

Positionnez les nombres du Luo Shu sur les 3 doigts du milieu de votre main gauche, vous obtiendrez alors le schéma suivant :

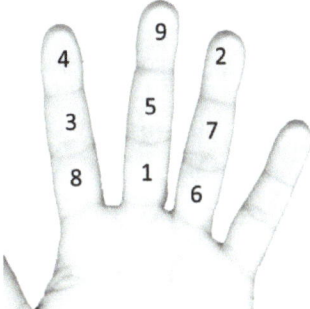

Maintenant, pour vous déplacer d'un nombre Luo Shu au suivant, vous utiliserez la méthode qui sera celle également employée pour les

« Étoiles volantes », comme indiqué ci-après :

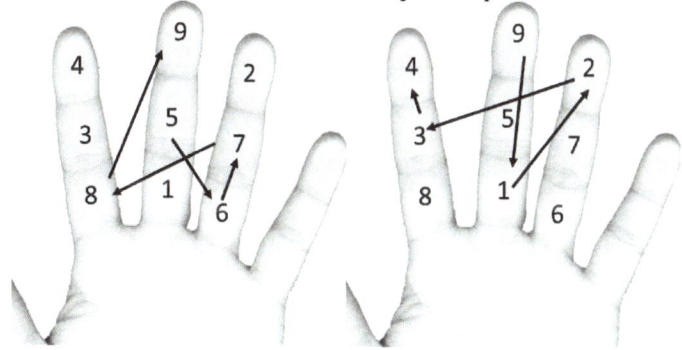

Astuces :

- Il convient de le pratiquer de façon répétitive pour mémoriser les nombres Luo Shu. Commencez par le milieu (5), puis entraînez-vous à vous déplacer en 6 → 7 → 8 → 9 → 1 → 2 → 3 → 4

- Une fois ces positions mémorisées, vous pourrez vous déplacer facilement sur la carte céleste ou diagramme des étoiles volantes. Par exemple, pour l'année 2008, l'étoile 1 étant au centre, vous partirez du centre pour vous déplacer.

Ba Gua (Le Trigramme)

Fu Xi serait le fondateur du Ba Gua. Il y a deux types de Ba Gua : Ciel Antérieur et Ciel Postérieur. Les astuces pour mémoriser le Ba Gua sont les suivantes :

Ba Gua	Symbole	Mémorisation (en chinois)	Traduction
乾 qián (Père)	☰	乾 qián 三 sān 连 lián	Qián est représenté par trois lignes continues
兑 duì (Benjamine)	☱	兑 duì 上 shàng 缺 quē	Duì : la ligne du haut est brisée
離 lí (Cadette)	☲	離 lí 中 zhōng 虛 xū	Lí : celle du milieu est brisée, symbolisant un milieu vide
震 zhèn (Fils Aîné)	☳	震 zhèn 仰 yǎng 盂 yú	Zhèn : les deux lignes supérieures sont brisées comme si un bocal était posé à l'endroit
巽 xùn (Fille Aînée)	☴	巽 xùn 下 xià 断 duàn	Xùn : la ligne inférieure est brisée
坎 kǎn (Cadet)	☵	坎 kǎn 中 zhōng 满 mǎn	Kǎn : la ligne du milieu est continue
艮 gèn (Benjamin)	☶	艮 gèn 覆 fù 碗 wǎn	Gèn : les deux lignes inférieures sont brisées comme si un bol était retourné
坤 kūn (Mère)	☷	坤 kūn 六 liù 断 duàn	Kūn : les trois lignes sont brisées

 Astuces pour mémoriser :
- Les Chinois ont toujours recours à des voies poétiques pour mémoriser. La colonne de mémorisaton vous aide à mémoriser.

Dans la métaphysique chinoise, la méthode du Ba Gua du Ciel Postérieur est principalement utilisée. Le Ba Gua du Ciel Antérieur est alors utilisé pour compléter n'importe quelle formule si nécessaire.

Les lignes proviennent du Taïchi dans lequel les chinois croient que l'univers est composé d'énergies positive et négative qui s'équilibrent l'une l'autre. Ainsi, le soleil ira de pair avec l'obscurité, de même que la force avec la faiblesse.

Le Taïchi montre que tout fait partie d'un cercle vertueux grâce au mélange des influences du Yin et du Yang, symbolisés dans le Taïchi par le dessin ci-contre. L'élément le plus fort est dénoté comme le Yang. En conséquence, la lumière du soleil correspond au Yang tandis que l'obscurité représente le Yin. Le mouvement renvoie au Yang et l'immobilité au Yin. Ainsi, dans le Feng Shui, la montagne est considérée comme Yin alors que l'eau est Yang. En effet, dans la nature, l'eau se rassemble au niveau des montagnes et forme une rivière. On peut donc dire que la montagne « produit » l'eau.

Dans le Taïchi, vous remarquerez qu'il y a du Yang dans le Yin et inversement. En observant le diagramme de Taïchi, vous constaterez en effet qu'à l'intérieur du noir se trouve un point blanc et que dans le blanc est présent un point noir. C'est la philosophie du Taïchi. Le Taïchi est alors exprimé par le biais de lignes continues ou brisées. Les lignes continues correspondent au Yang ou au Mâle tandis que les lignes brisées renvoient au Yin ou la Femelle.

▬▬▬ Voici une ligne Yang qui caractérise le Mâle.
▬ ▬ Voici une ligne Yin qui correspond à la Femelle. Par la suite, les lignes continues et discontinues sont combinées pour former le Ba Gua.

💡 Explications pour le masculin :
- Toujours commencer par le bas.
- Père – trois lignes yang
- Fils aîné – ligne yang en bas
- Cadet – ligne yang au centre
- Benjamin – ligne yang au sommet

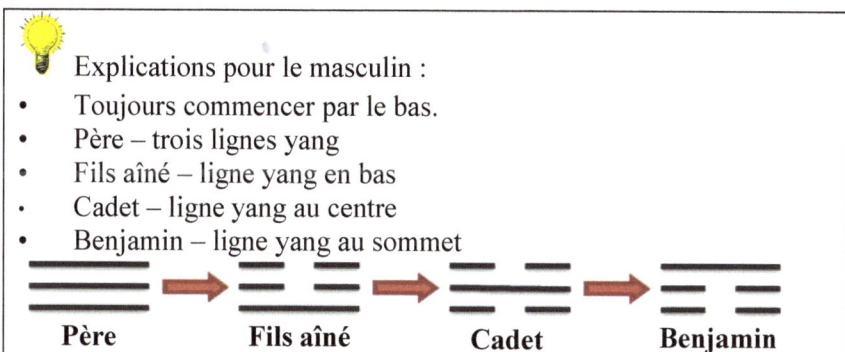

Explications pour le féminin :
- Commencer toujours part le bas.
- Mère – trois lignes yin
- Fille aînée – ligne yin en bas
- Cadette – ligne yin au centre
- Benjamine – ligne yin au sommet

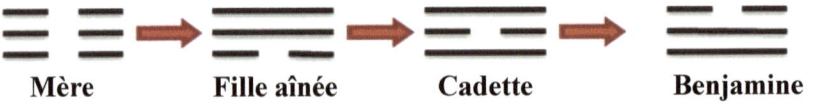

| Mère | Fille aînée | Cadette | Benjamine |

La disposition du Ba Gua du Ciel Antérieur se définit par cette grille 3 X 3 ci-dessous :

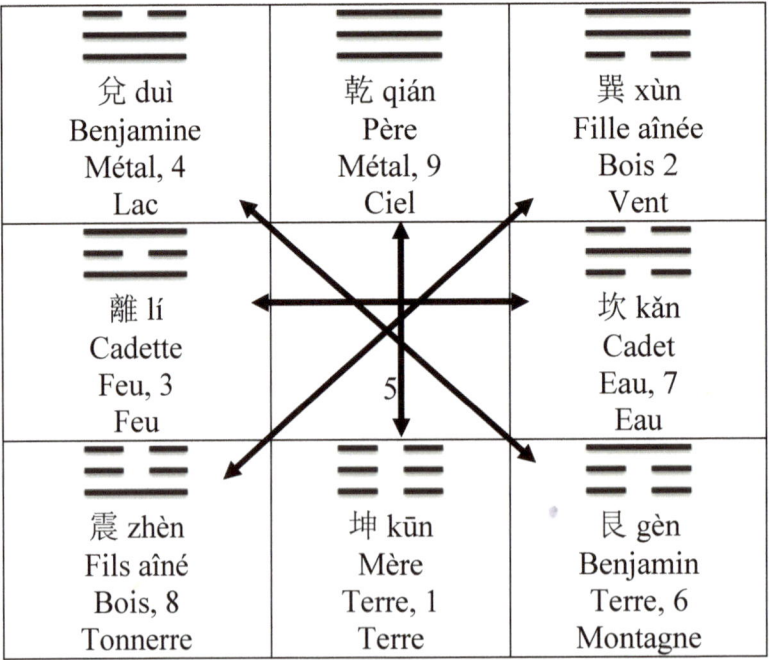

Le Gua Masculin fait face à l'univers féminin du Gua comme le montre le diagramme ci-dessus. Reportez la disposition sur vos doigts comme décrit ci-après :

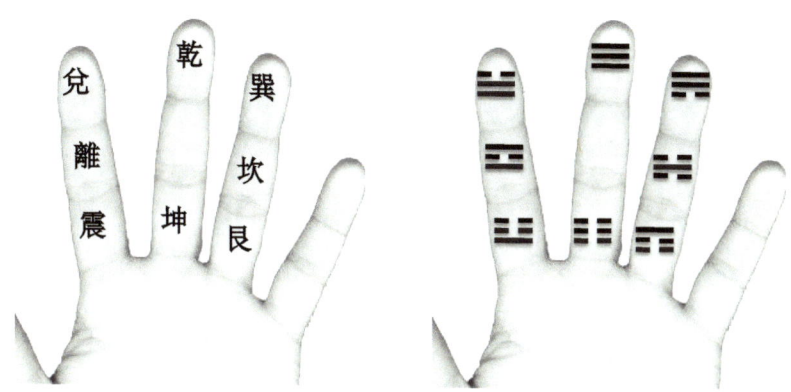

 Astuces pour mémoriser :

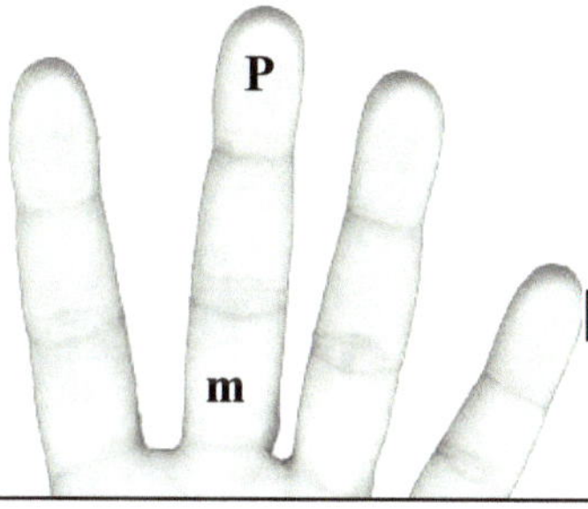

- Le Père est en haut
- À l'opposé du Père se trouve la Mère.

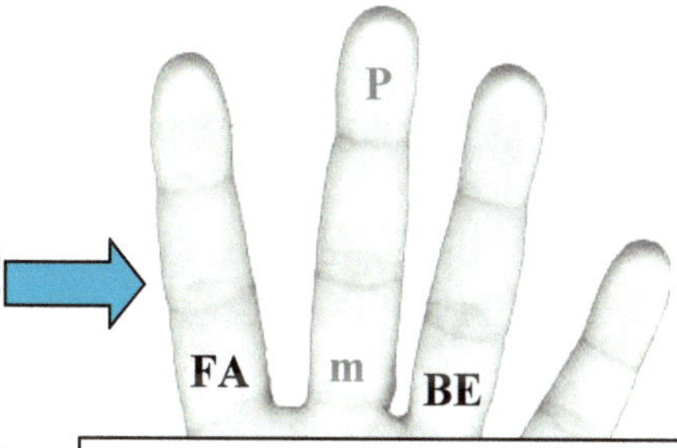

- Les Fils sont proches de la Mère
- Le Fils aîné sur la gauche
- Le Benjamin sur la droite

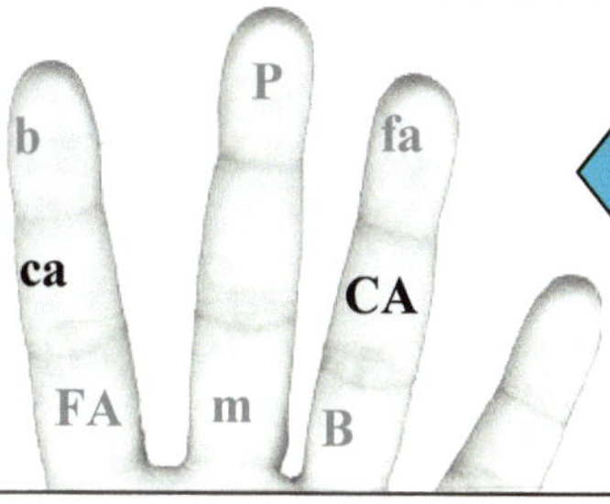

- Les Cadets (fille et garcon) au centre.
- Le Cadet est au-dessus du Benjamin

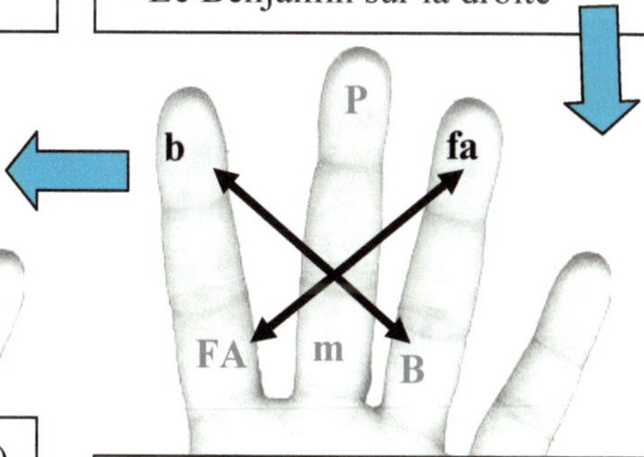

- Les Femmes sont diagonalement oppposées

Le Ba Gua du Ciel Antérieur représente le monde parfait comme au Paradis. Ce n'est que plus tard que nos ancêtres se sont rendus compte que cette vision n'était pas réaliste et ont, de fait créé le Ba Gua du Ciel Postérieur afin de refléter la situation réelle.

La disposition du Ba Gua du Ciel Postérieur se traduit par une grille 3 X 3 comme suit :

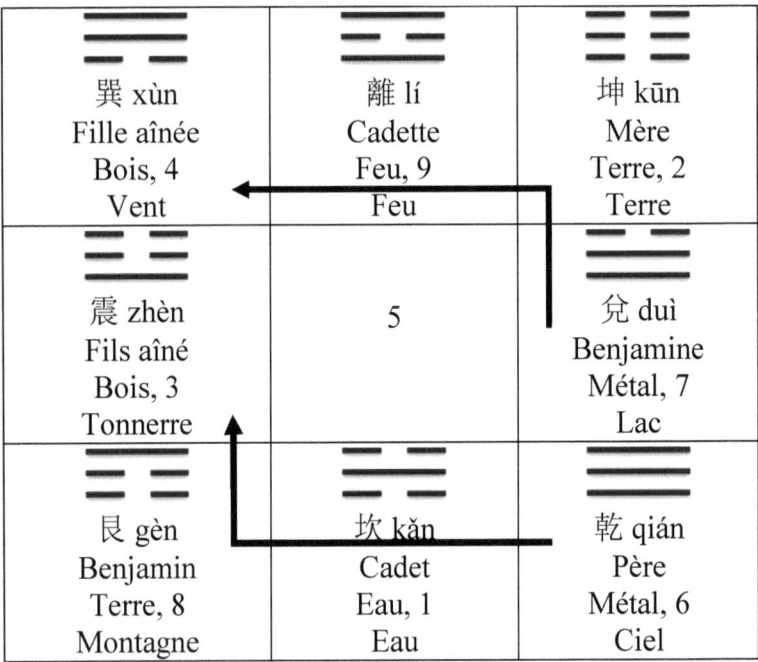

Le Masculin Gua se déplace dans le sens des aiguilles d'une montre, tandis que l'élément féminin se déplace dans le sens inverse. Le Haut correspond au Féminin, le Bas au Masculin. Reportez cela sur vos doigts en suivant le schéma ci-après :

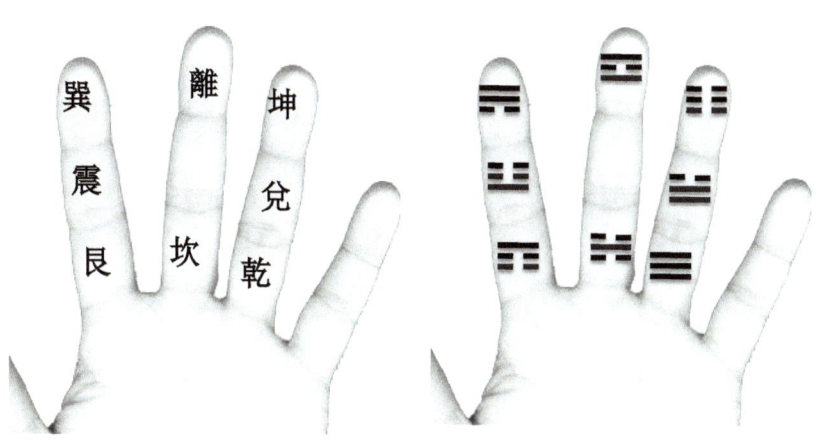

 Astuces pour mémoriser :

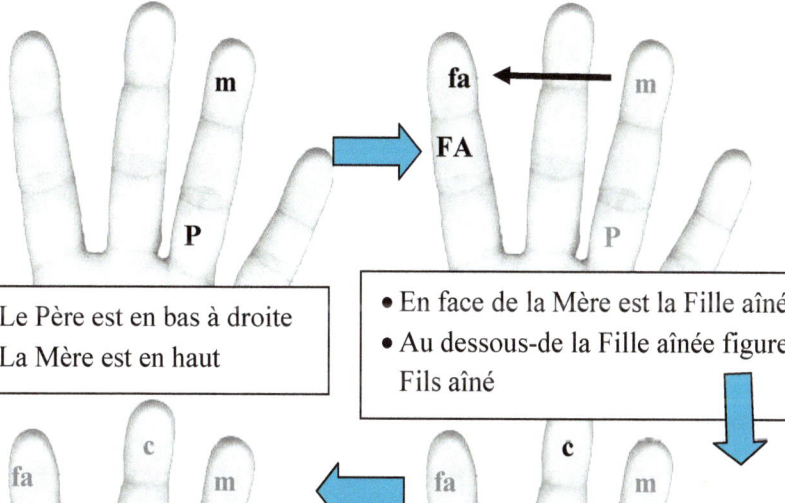

- Le Père est en bas à droite
- La Mère est en haut

- En face de la Mère est la Fille aînée
- Au dessous-de la Fille aînée figure le Fils aîné

- Entre la Mère et le Père se trouve la Benjamine
- Le Benjamin est en bas à gauche

- Entre la Mère et la Fille aînée figure la Cadette
- En face de la Cadette se trouve le Cadet.

Chapitre 2 – Troncs Célestes

Troncs Célestes

Troncs Célestes	Attribut
Jia (甲)	Yang Bois
Yi (乙)	Yin Bois
Bing (丙)	Yang Feu
Ding (丁)	Yin Feu
Wu (戊)	Yang Terre
Ji (己)	Yin Terre
Geng (庚)	Yang Métal
Xin (辛)	Yin Métal
Ren (壬)	Yang Eau
Gui (癸)	Yin Eau

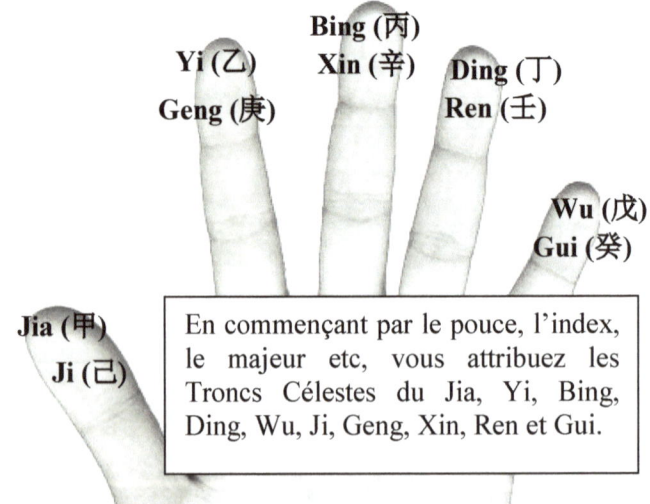

En commençant par le pouce, l'index, le majeur etc, vous attribuez les Troncs Célestes du Jia, Yi, Bing, Ding, Wu, Ji, Geng, Xin, Ren et Gui.

Combinaisons des Troncs Célestes

Le tableau présente les combinaisons des Troncs Célestes :

Combinaisons des Troncs Célestes		
Troncs Célestes		**Résultat**
Jia (甲) +Bois	Ji (己) -Terre	Terre
Yi (乙) -Bois	Geng (庚) + Métal	Métal
Bing (丙) +Feu	Xin (辛) - Métal	Eau
Ding (丁) -Feu	Ren (壬) +Eau	Bois
Wu (戊) +Terre	Gui (癸) -Eau	Feu

Les éléments de la colonne « résultat » de ces combinaisons se réfèrent au cycle de production où la Terre est le premier élément. La Terre produit le Métal, le Métal produit l'Eau, l'Eau produit le Bois, le Bois produit le Feu.

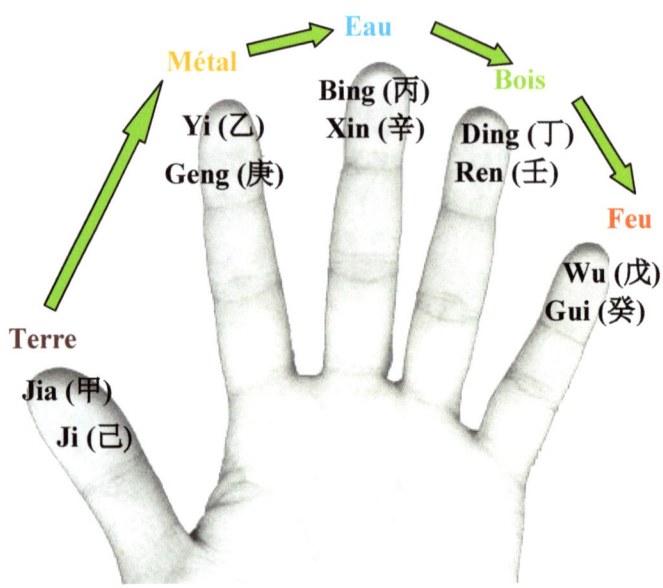

Les conflits entre Troncs Célestes

Le diagramme représente les conflits entre les Troncs Célestes.

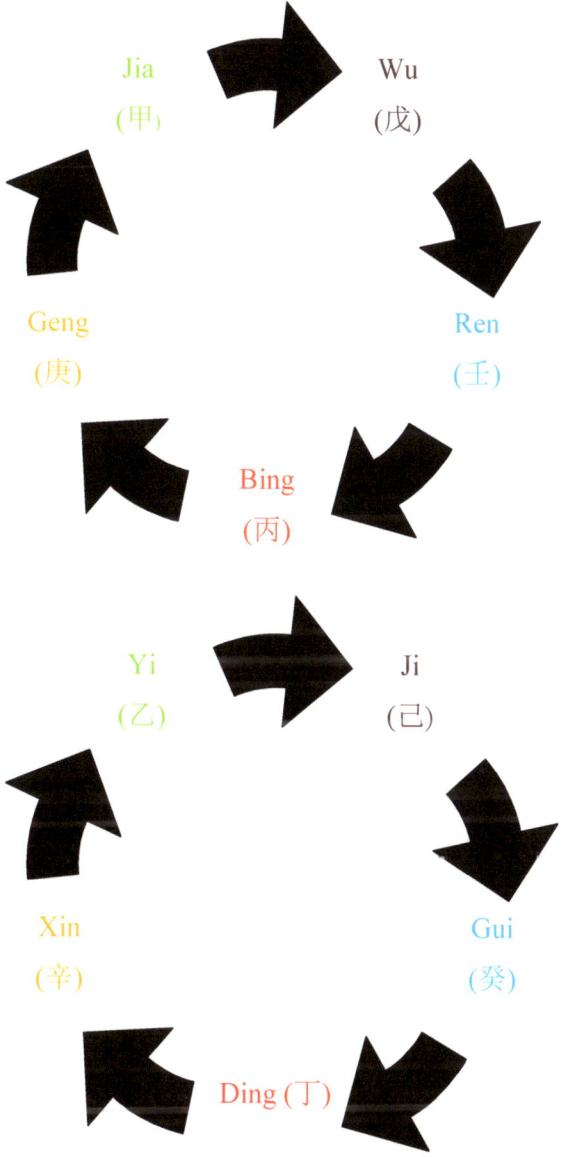

Explication :
- Les conflits résultent de polarités identiques (ex : Yang et Yang, Yin et Yin).
- Ce phénomène correspond au Cycle de Contrôle des Cinq Éléments que nous avons vu précédemment.

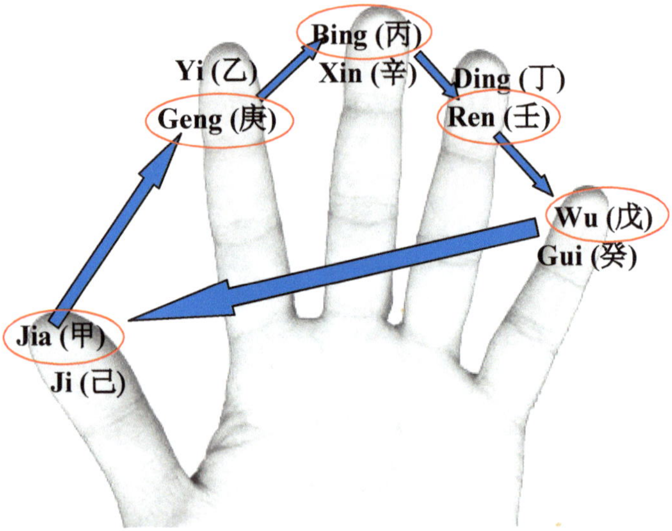

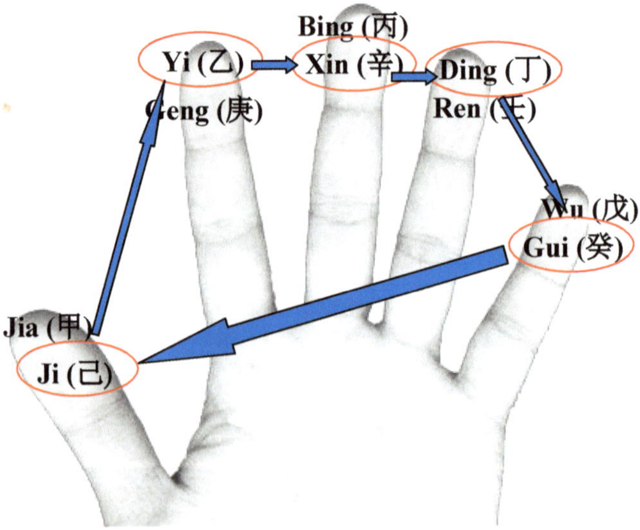

Chapitre 3 – Les Branches Terrestres

Branches Terrestres

Les attributs des douze branches terrestres sont les suivants :

Branches Terrestres	Élement	Animal	Horaire	Saison	Mois
子(Zi)	Yang Eau	Rat	23:00 – 00:59	Hiver	11ᵉ
丑(Chou)	Yin Terre	Bœuf	01:00 – 02:59	Hiver	12ᵉ
寅(Yin)	Yang Bois	Tigre	03:00 – 04:59	Printemps	1ᵉʳ
卯(Mao)	Yin Bois	Lapin	05:00 – 06:59	Printemps	2ᵉ
辰(Chen)	Yang Terre	Dragon	07:00 – 08:59	Printemps	3ᵉ
巳(Si)	Yin Feu	Serpent	09:00 – 10:59	Feu	4ᵉ
午(Wu)	Yang Feu	Cheval	11:00 – 12:59	Feu	5ᵉ
未(Wei)	Yin Terre	Chèvre	13:00 – 14:59	Feu	6ᵉ
申(Shen)	Yang Métal	Singe	15:00 – 16:59	Automne	7ᵉ
酉(You)	Yin	Coq	17:00 – 18:59	Automne	8ᵉ
戌(Xu)	Yang Terre	Chien	19:00 – 20:59	Automne	9ᵉ
亥(Hai)	Yin Eau	Cochon	21:00 – 22:59	Hiver	10ᵉ

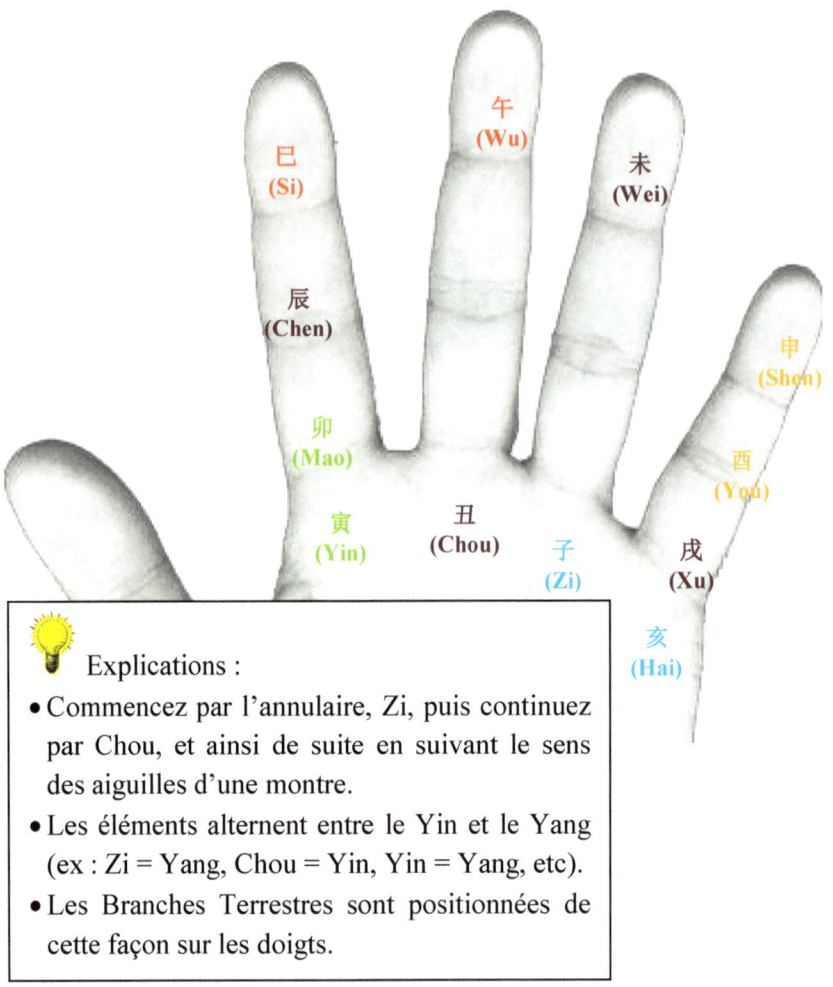

Explications :
- Commencez par l'annulaire, Zi, puis continuez par Chou, et ainsi de suite en suivant le sens des aiguilles d'une montre.
- Les éléments alternent entre le Yin et le Yang (ex : Zi = Yang, Chou = Yin, Yin = Yang, etc).
- Les Branches Terrestres sont positionnées de cette façon sur les doigts.

Le calendrier de la Métaphysique chinoise (ou calendrier Xia) commence à partir du Yin (寅), 1er mois. Ainsi, la position du Yin (寅) est en bas à gauche de votre paume comme indiqué sur la figure et déplacez-vous dans le sens des aiguilles d'une montre.

Les Branches Terrestres peuvent être classées en trois catégories :

- 四生 (sì shēng) Les Quatre Croissances
- 四正 (sì zhèng) Les Quatre Cardinaux
- 四墓 (sì mù) Les Quatre Cimetières

三会 (Sān Huì) Les Combinaisons Saisonnières/Directionnelles

Les Combinaisons Saisonnières/Directionnelles des Branches Terrestres se présentent ainsi :

三会 *(Sān Huì) Combinaisons Saisonnières/Directionnelles*			
Branches Terrestres			**Résultat**
寅(Yin) +Bois	卯(Mao) -Bois	辰(Chen) +Terre	Printemps / Bois / Est
巳(Si) -Feu	午(Wu) +Feu	未(Wei) -Terre	Été / Feu / Sud
申(Shen) +Métal	酉(You) -Métal	戌(Xu) +Terre	Automne / Métal / Ouest
亥(Hai) -Eau	子(Zi) +Eau	丑(Chou) -Terre	Hiver / Eau / Nord

Ces combinaisons ont les caractéristiques suivantes :

- Au niveau des Branches Terrestres, deux mêmes éléments sont toujours suivis par la Terre.
- Les directions sont identiques à celles du He Tu : le Sud est au sommet, le Nord en bas, l'Est à gauche et l'Ouest à droite.

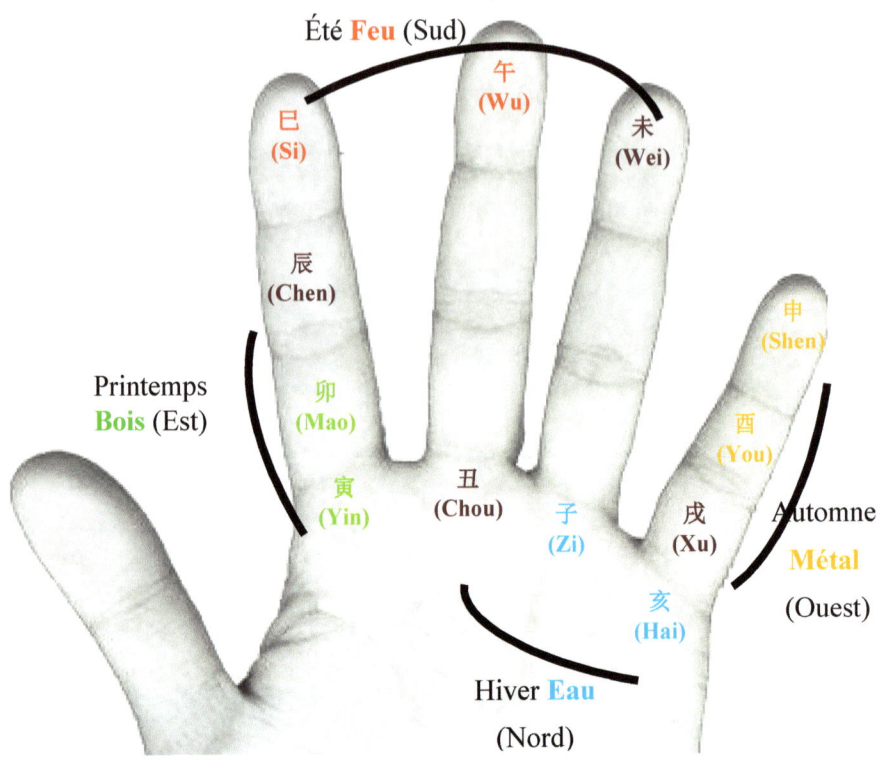

四生 (sì shēng) Les Quatre Croissances

Les Quatre Croissances et leurs troncs cachés sont comme suit :

四生 (sì shēng) Les Quatre Croissances			
Branches Terrestres	**Troncs Célestes Cachés (TCC)**		
寅 (Yin) +Bois	Jia (甲) +Bois	Bing (丙) +Feu	Wu (戊) +Terre
巳 (Si) -Feu	Bing (丙) +Feu	Wu (戊) +Terre	Geng (庚) +Métal
申 (Shen) +Métal	Geng (庚) +Métal	Ren (壬) +Eau	Wu (戊) +Terre
亥 (Hai) -Eau	Ren (壬) +Eau	Jia (甲) +Bois	

La notion de Quatre Croissances se définit selon les caractéristiques suivantes :

- A l'exception du Hai (Eau), tous ont trois Troncs Célestes Cachés (TCC). Hai n'en a que deux.
- Seul le Hai n'a pas d'élément « Terre » (Wu). Les 3 autres « Quatre Croissances » (Yin, Si et Shen) ont de fait l'élément « Terre » (Wu) parmi les TCC.
- Tous les TCC sont des éléments du Yang.
- Toutes les Quatre Croissances débutent avec les mêmes cinq éléments que pour les Troncs Célestes :
    - 寅 **(Yin)** (Bois): Jia (Bois), Bing, Wu
    - 巳 **(Si)** (Feu): Bing (Feu), Wu, Geng
    - 申 **(Shen)** (Métal): Geng (Métal), Ren, Wu
    - 亥 **(Hai)** (Eau): Ren (Eau), Jia

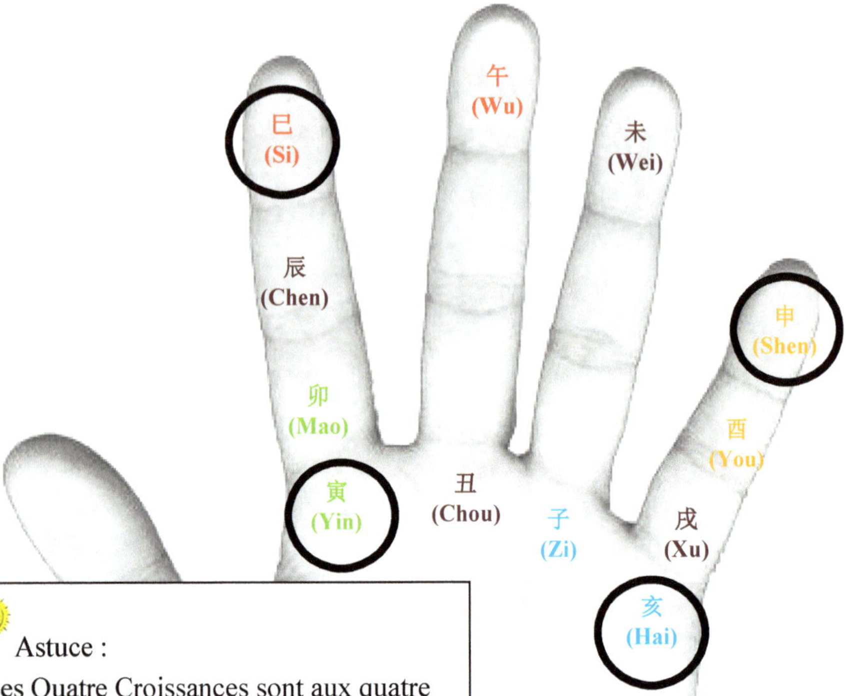

Astuce :
- Les Quatre Croissances sont aux quatre coins de votre paume.

Explications :
- Yin correspond au Bois. Le Tronc Céleste Bois, considéré comme « Yang », est Jia. Le prochain Tronc Céleste « Yang » est Bing (Jia, Yi, Bing…, passons Yi et Ding puisque tous deux sont « Yin ») et le Tronc Céleste suivant est alors Wu. Les TCC « Yin » sont donc Jia, Bing et Wu.
- Si étant le Feu, le Tronc Céleste Feu « Yang » est Bing, le Tronc Yang suivant est Wu et le prochain est Geng. Donc les TCC de « Si » sont Bing, Wu, et Geng.
- Shen étant le Métal, le Tronc Céleste Métal « Yang » est Geng, le suivant est Ren. Le 3ème élément est Terre « Yang », Wu. Ainsi, les TCC de « Shen » sont Geng, Ren, et Wu.
- Hai est l'Eau. Le Tronc Céleste Eau « Yang » est Ren. Puisque Ren est le dernier Tronc « Yang » nous retournons au début qui est Jia. Par conséquent, les TCC Hai sont Ren et Jia.

四正 (sì zhèng) Les Quatre Cardinaux

Les Quatre Cardinaux et leurs troncs cachés se présentent ainsi :

Branches Terrestres	Troncs Célestes Cachés (TCC)	
卯(Mao) -Bois	Yi (乙) -Bois	
午(Wu) +Feu	Ding (丁) -Feu	Ji (己) -Terre
酉(You) -Métal	Xin (辛) -Métal	
子(Zi) +Eau	Gui (癸) -Eau	

Les Quatre Cardinaux ont les caractéristiques suivantes :
- Ils sont aussi connus sous le nom de « Quatre Fleurs de Romance » ou Tao Hua (c'est-à-dire Fleur de Pêcher).
- À l'exception de 午 (Wu), tous contiennent seulement un Tronc Céleste Caché (TCC).
- Tous les TCC sont de l'élément Yin.
- Les Quatre Cardinaux possèdent les 5 éléments correspondants à ceux des Troncs Célestes :
    - 卯 (Mao) (Bois): Yi (-Bois)
    - 午 (Wu) (Feu): Ding (-Feu) & Ji (-Terre)
    - 酉 (You) (Métal): Xin (-Métal)
    - 子 (Zi) (Eau): Gui (-Eau)

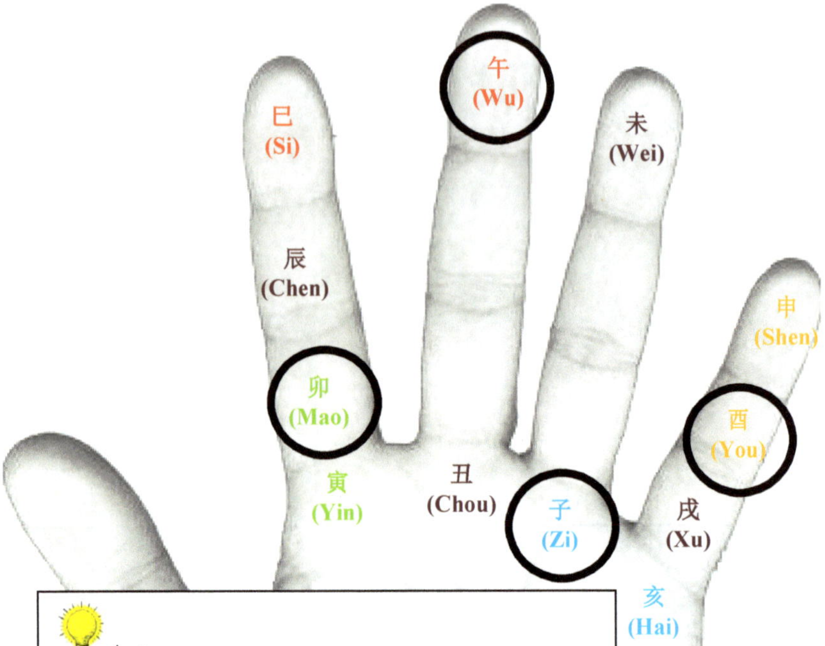

午 (Wu)
巳 (Si)
未 (Wei)
辰 (Chen)
申 (Shen)
卯 (Mao)
酉 (You)
寅 (Yin)
丑 (Chou)
子 (Zi)
戌 (Xu)
亥 (Hai)

Astuce :
- Les Quatres Cardinaux se positionnent sur votre paume dans le même sens que les Quatre Croissances mais en décalant d'une position dans le sens des aiguilles d'une montre

Astuces :
- Mao est le Bois. Le Tronc Céleste Bois « Yin » est Yi.
- Wu est le Feu. Le Tronc Céleste Feu « Yin » est Ding et le Tronc Céleste Terre « Yin » est Ji.
- You est le Métal. Le Tronc Céleste Métal « Yin » est Xin.
- Zi est l'Eau. Le Tronc Céleste Eau « Yin » est Gui.

四墓 (sì mù) Les Quatre Tombes

Les Quatre Tombes ou Quatre Stockages et leurs troncs cachés :

四墓 (sì mù) Les Quatre Tombes			
Branches Terrestres	**Troncs Célestes Cachés (TCC)**		
辰(Chen) +Terre	Wu (戊) +Terre	Yi (乙) -Bois	Gui (癸) -Eau
未(Wei) -Terre	Ji (己) -Terre	Ding (丁) -Feu	Yi (乙) -Bois
戌(Xu) +Terre	Wu (戊) +Terre	Xin (辛) -Métal	Ding (丁) -Feu
丑(Chou) -Terre	Ji (己) -Terre	Gui (癸) -Eau	Xin (辛) -Métal

Les Quatre Tombes ont les caractéristiques suivantes :

- Les Branches Terrestres correspondent à 4 éléments « Terre ».
- Aussi connus comme les pots de Richesse.
- Dans certains textes, elles sont appelées les Quatres Stockages (库). Le terme « Tombe » est employé quand la Terre n'est pas ouverte (pour signifier que l'on entre dans une Tombe). Lorsqu'elle est ouverte, elles sont appelées Stockage (库).
- Tous les TCC sont « Yin » sauf pour Chen et Xu car ils contiennent Wu (Terre « Yang »).
- Wei et Chou contiennent Ji (ils sont « Yin » donc ils contiennent Terre « Yin », qui est Ji)
- Le second élément du TCC correspond à l'élément « Yin » de la saison. Ex : Chen fait partie de la saison du bois donc le TCC est Yi.
- Le 3ème élément du TCC est un élément Yin du « Stockage ». Ex : Wei est le Stockage Bois, le reste du Qi de la saison précédente, donc le TCC est Yi.

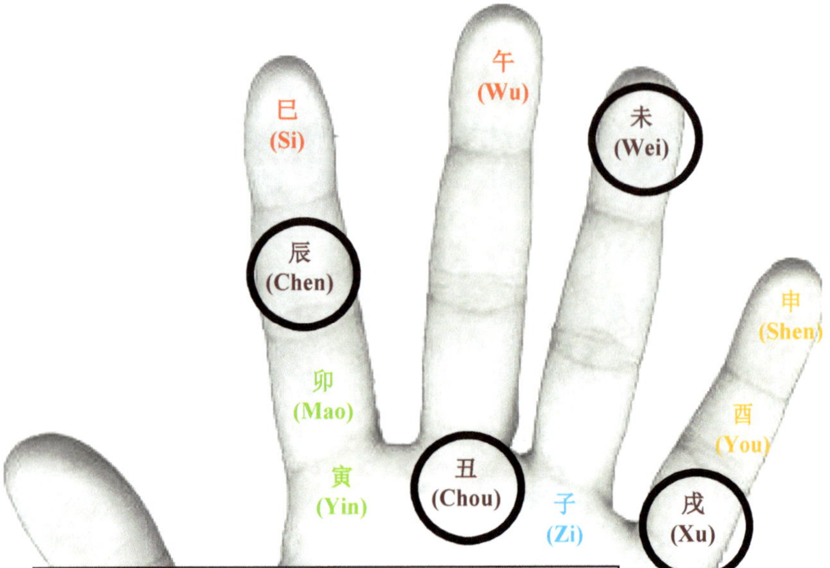

Astuces :

• Le 3ème élément du TCC est appelé Stockage. Cet élément est libéré lorsque la Tombe est ouverte soit par Heurt ou Punition.

Astuces :

• Chen est Terre « Yang », donc le TCC terrestre est Terre Wu. Chen fait partie de la saison Bois, ainsi le second élément TCC du bois est Bois Yi. La saison précédant le Bois est l'Eau, donc le 3ème élément TCC est Eau Gui.

• Wei est Terre « Yin », donc le TCC terrestre est Terre Ji. Wei se trouve dans la saison Feu, par conséquent le second élément TCC est Feu Ding. La saison précédant le Feu est le Bois, donc le 3ème élément du TCC est Bois Yi

• Xu est Terre « Yang », ainsi le TCC terrestre est Terre Wu. Xu est dans la saison Métal, donc le TCC métal est Métal Xin. La saison précédant le Métal est le Feu, c'est pourquoi le 3ème élément du TCC est Feu « Ding ».

• Chou est Terre « Yin », donc le TCC terrestre est Terre Ji. Chou fait partie de la saison Eau, ainsi, le TCC eau est Eau Gui. La saison précédant l'Eau est le Métal, c'est pourquoi le TCC est Métal Xin.

三合 (Sān Hé) La Combinaison des Trois Harmonies

Les Branches Terrestres de la Combinaison des Trois Harmonies sont les suivantes :

三合 *(Sān Hé) La Combinaison des 3 Harmonies*			
Branches Terrestres			**Résultat**
寅(Yin) +Bois	午(Wu) +Feu	戌(Xu) +Terre	Feu
巳(Si) -Feu	酉(You) -Métal	丑(Chou) -Terre	Métal
申(Shen) +Métal	子(Zi) +Eau	辰(Chen) +Terre	Eau
亥(Hai) -Eau	卯(Mao) -Bois	未(Wei) -Terre	Bois

Les formules « Trois Harmonies » commencent toujours par 四生 (sì shēng) « Quatre Croissances »

- Positionnez les éléments de la première colonne des Branches Terrestres sur les quatre coins de la main (c'est-à-dire Yin, Si, Shen, Hai).
- Notez que les éléments composant la seconde colonne des Branches Terrestres correspondent toujours, sur votre paume, à la première Branche Terrestre jouxtant le coin **suivant**
- Les éléments de la 3ème colonne des Branches Terrestres correspondent toujours à la deuxième Branche Terrestre à compter du coin **ultérieur**.
- La combinaison résultante de ces 3 colonnes correspond à l'élément de la 2ème colonne des Branches Terrestres. Ex : Yin-Wu-Xu donne le Feu (car Wu est le Feu).

Premier	Deuxième	Troisième
寅 Yin	午 Wu	戌 Xu
Toujours commencer par l'élément des Quatre Croissances	1ère position après l'élément des Quatre Croissances suivant (à côté de Si)	2ème position après le prochain élément des Quatre Croissances (à 2 étapes de Shen)

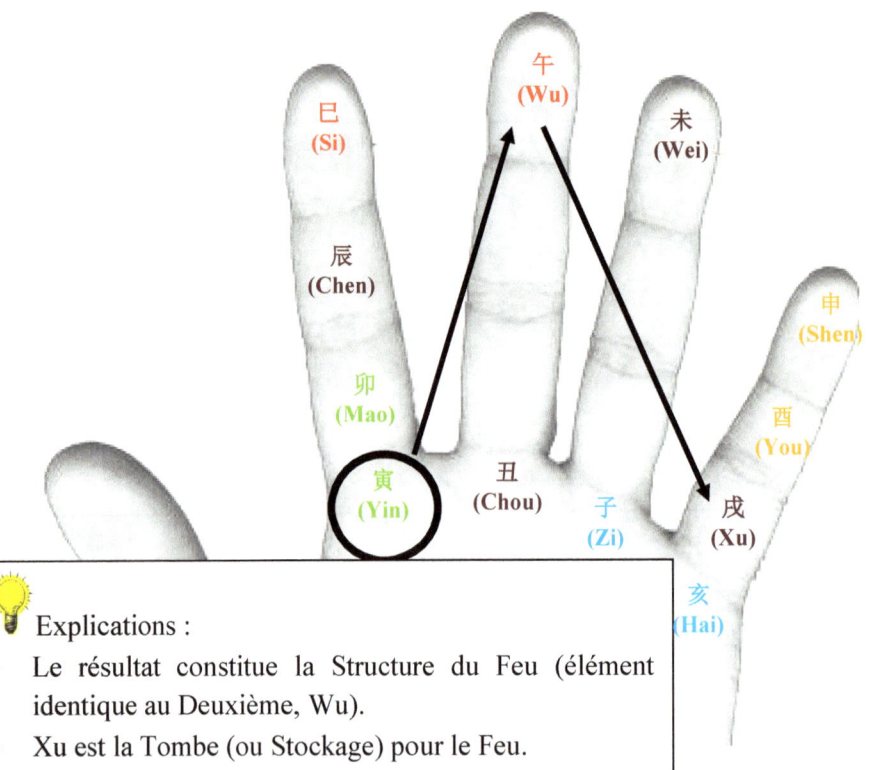

Explications :
- Le résultat constitue la Structure du Feu (élément identique au Deuxième, Wu).
- Xu est la Tombe (ou Stockage) pour le Feu.
- Le Deuxième élément agit aussi comme la clé. Il va former une semi combinaison avec le Premier et le Troisième. (ex : Wu & Yin et Wu & Chou, le résultat étant alors le Feu).
- Le semi combo Yin et Xu est appelé 拱局 (Gong).

Premier	Deuxième	Troisième
巳(Si)	酉(You)	丑(Chou)
Toujours commencer par l'élément des Quatre Croissances	1ère position après l'élément des Quatre Croissances suivant (à côté de Shen)	2ème position après le prochain élément des Quatre Croissances (à 2 étapes de Hai)

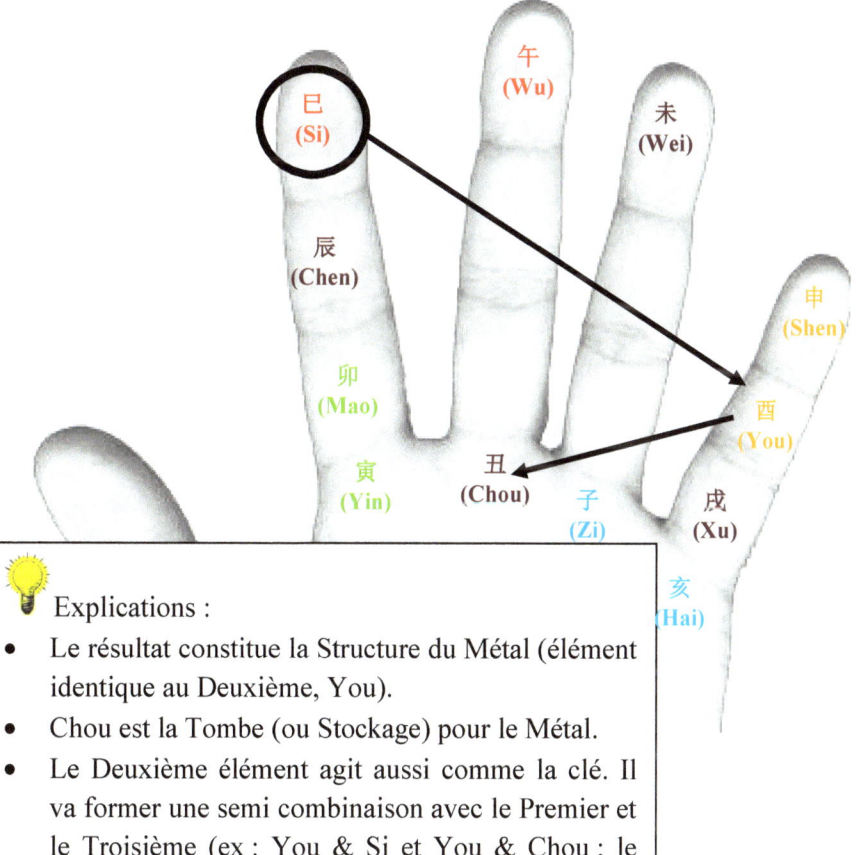

Explications :
- Le résultat constitue la Structure du Métal (élément identique au Deuxième, You).
- Chou est la Tombe (ou Stockage) pour le Métal.
- Le Deuxième élément agit aussi comme la clé. Il va former une semi combinaison avec le Premier et le Troisième (ex : You & Si et You & Chou ; le résultat étant le Métal).
- Le semi combo Si et Chou est appelé 拱局 (Gong)

Premier	Deuxième	Troisième
申(Shen)	子(Zi)	辰(Chen)
Toujours commencer par l'élément des Quatre Croissances	1ère position après l'élément des Quatre Croissances suivant (à côté de Hai)	2ème position après le prochain élément des Quatre Croissances (à 2 étapes de Yin)

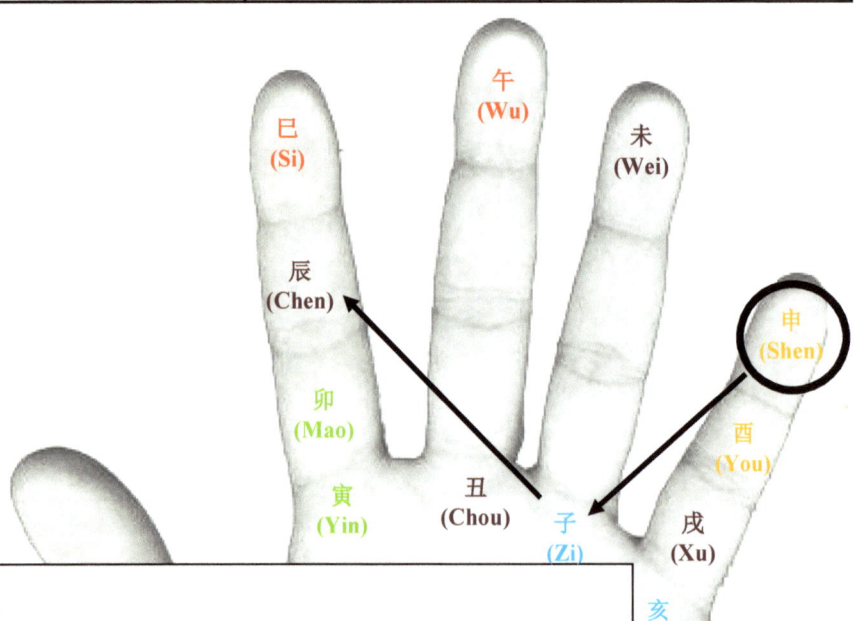

 Explications :

- Le résultat constitue la Structure de l'Eau (élément identique au Deuxième, Zi).
- Chen est la Tombe (ou Stockage) pour l'Eau.
- Le Deuxième élément agit aussi comme la clé. Il va former une semi combinaison avec le Premier et le Troisième (ex : Zi & Shen et Zi & Chen ; le résultat étant l'Eau).
- Le semi combo Shen et Chen est appelé 拱局 (Gong).

Premier	Deuxième	Troisième
亥(Hai)	卯(Mao)	未(Wei)
Toujours commencer par l'élément des Quatre Croissances	1ère position après l'élément des Quatre Croissances suivant (à côté de Yin)	2ème position après le prochain élément des Quatre Croissances (à 2 étapes de Si)

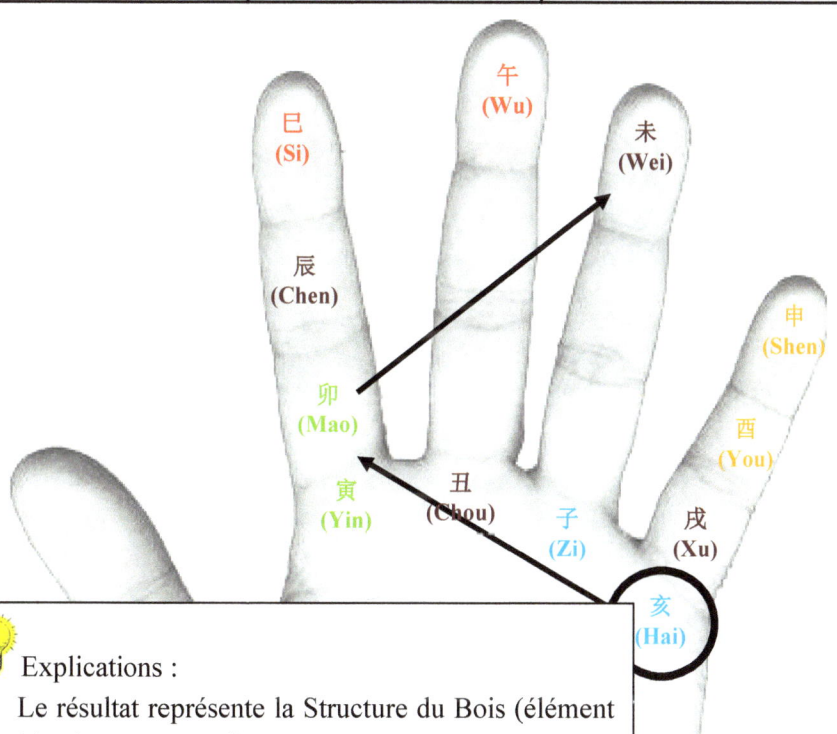

 Explications :
- Le résultat représente la Structure du Bois (élément identique au Deuxième, Mao).
- Wei est la Tombe (ou Stockage) pour le Bois.
- Le Deuxième élément agit aussi comme la clé. Il va former une semi combinaison avec le Premier et le Troisième (ex : Mao & Hai et Mao & Wei ; le résultat étant le Bois).
- Le semi combo Hai et Wei est appelé 拱局 (Gong).

三列 (Sān Xíng) Les Trois Heurts de Persécution / Punition / Amende

Les Branches Terrestres des Trois Heurts de Persécution/ Punition/ Amende sont les suivantes :

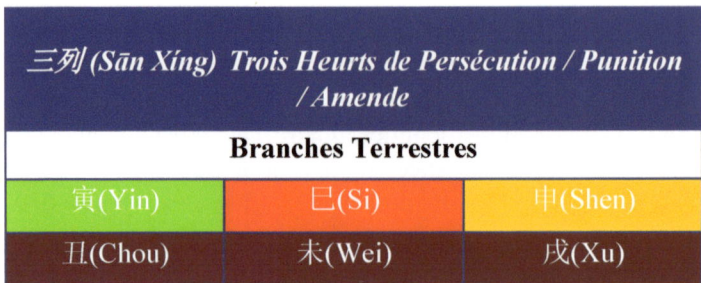

Il y a 2 séries 三列 (Sān Xíng) englobant 3 éléments de Trois Heurts de Persécution/Punition/Amende ; Yin – Si – Shen et Chou – Wei – Xu.

La première série « Yin – Si – Shen » est fondée sur 3 des 4 éléments 四生 *(sì shēng) Quatre Croissances* (à l'exception de Hai).

La seconde « Chou – Wei – Xu » repose sur 3 des 4 éléments 四墓 *(sì mù) Quatre Tombes* (à l'exception de Chen).

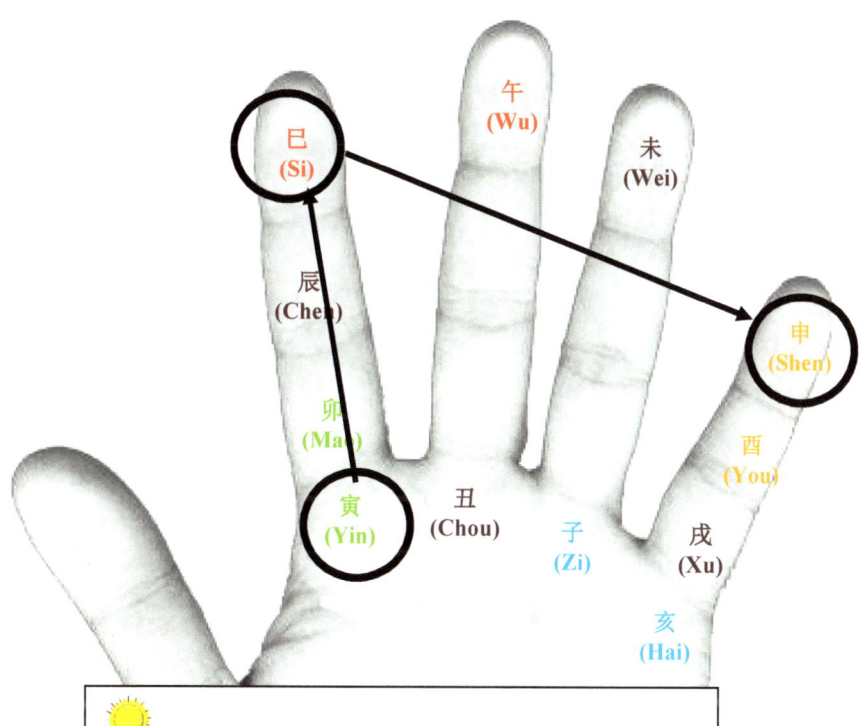

 Explication :

- On retrouve effectivement 3 des 4 四生 *(sì shēng) Quatre Croissances* (à l'exception de Hai).

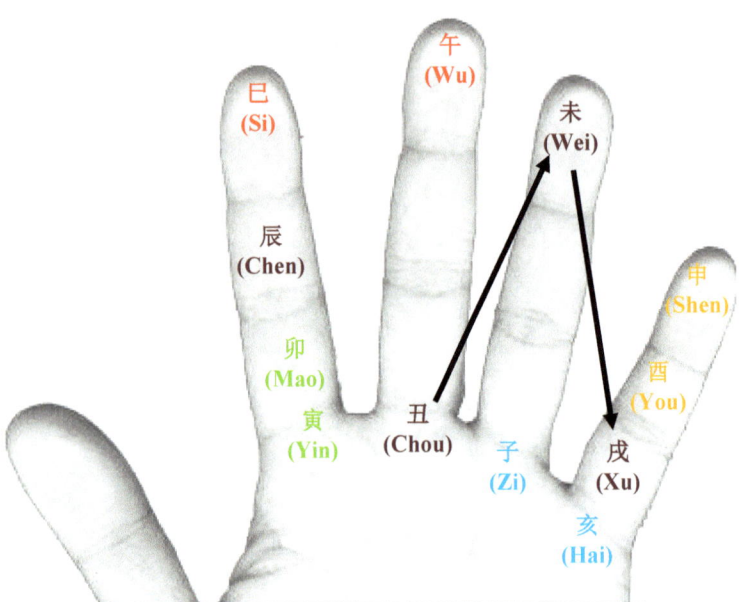

 Explication :
- On retrouve également 3 des 4 *四墓 (sì mù) Quatre Tombes* (à l'exception de Chen).

六冲 (Liù Chōng) Les Six Conflits/Heurts

Les Branches Terrestres des Six Conflits/Heurts sont les suivants :

六冲 (Liù Chōng) Les Six Conflits/Heurts	
Branches Terrestres	
寅(Yin) +Bois	申(Shen) +Métal
卯(Mao) -Bois	酉(You) -Métal
辰(Chen) +Terre	戌(Xu) +Terre
巳(Si) -Feu	亥(Hai) -Eau
午(Wu) +Feu	子(Zi) +Eau
未(Wei) -Terre	丑(Chou) -Terre

六冲 (Liù Chōng), aussi connu sous le nom des Six Conflits ou Six Heurts, représente les conflits survenant entre des palais opposés comme illustrés par le croquis ci-dessous :

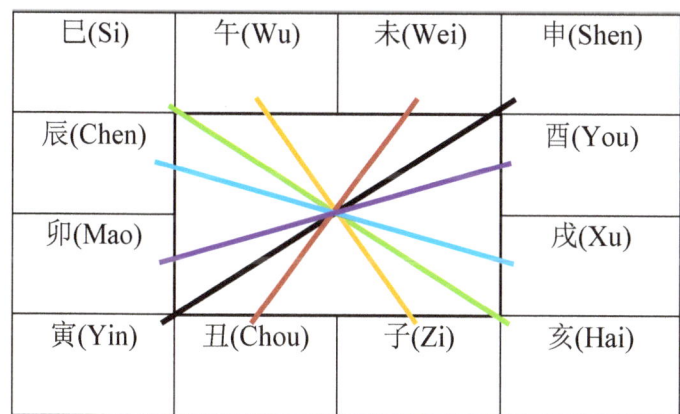

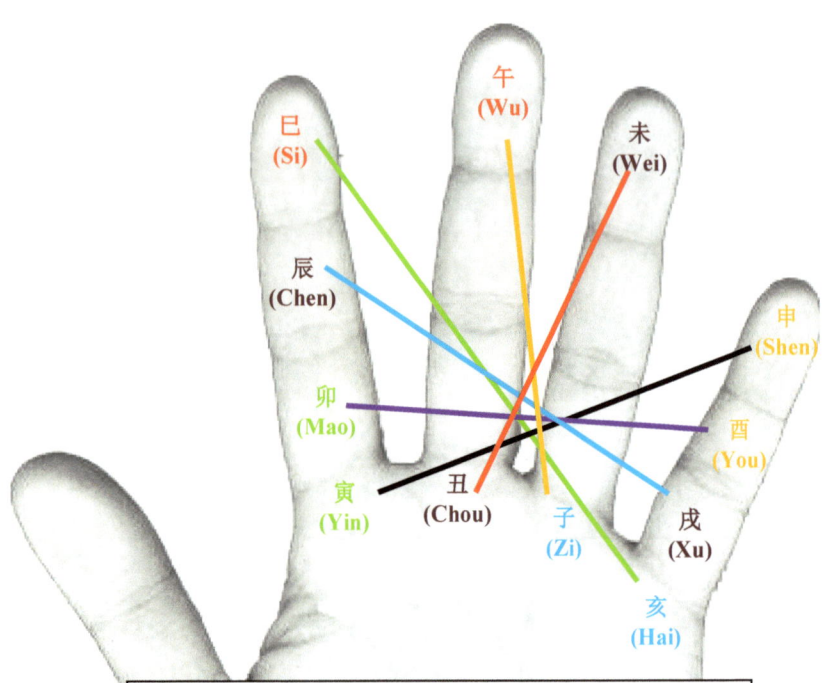

 Illustration sur vos doigts :

- Heurt avec le palais opposé
- Sì Shēng (Quatre Croissances) : Yin affronte Shen, Si affronte Hai.
- Sì Zhèng (Quatre Cardinaux) : Mao affronte You, Zi affronte Wu.
- Sì Mù (Quatre Tombes) : Chou affronte Wei, Chen affronte Xu.

自刑 (Zì Xíng) L'autoflagellation / Punition

Les Branche Terrestres correspondant à l'autoflagellation / punition sont les suivantes :

自刑 *(Zì Xíng) L'autoflagellation/ Punition*	
Branches Terrestres	
辰(Chen) +Terre	辰(Chen) +Terre
午(Wu) +Feu	午(Wu) +Feu
酉(You) -Métal	酉(You) -Métal
亥(Hai) -Eau	亥(Hai) -Eau

Il y a 4 自刑 (Zì Xíng), Autoflagellation ou Punition infligée à soi-même. Chen affronte Chen, Wu affronte Wu, You affronte You and Hai affronte Hai. Chaque élément s'affronte donc lui-même.

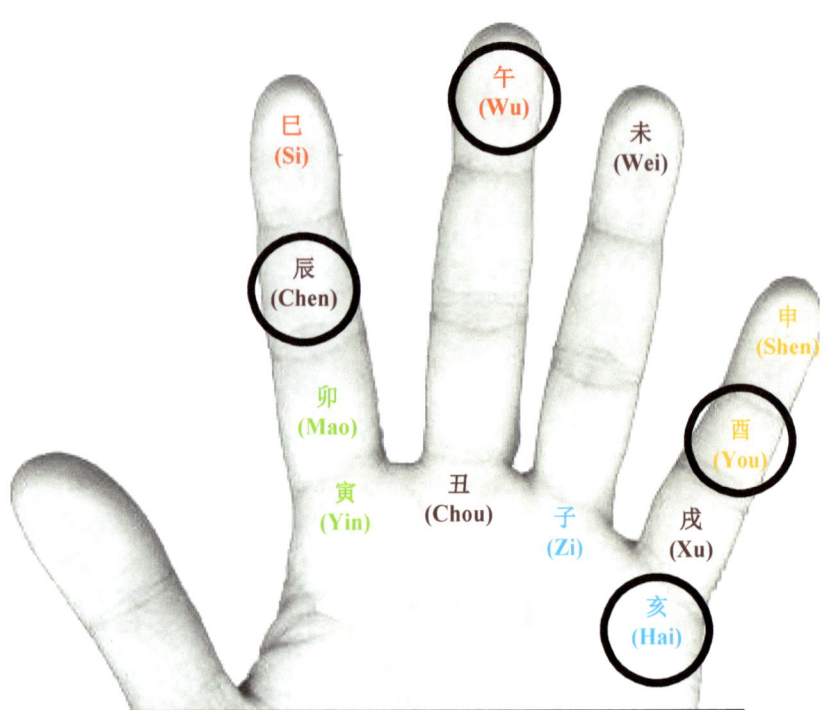

 Astuces :

- Il y a seulement 4 Zi Xing.

- En commançant par Chen et dans le sens des aiguilles d'une montre, vous en sautez **un** (Si) et vous arrivez sur Wu.

- Puis vous en sautez **deux** (Wei et Shen) et vous obtenez You.

- Vous en passez **un** de nouveau (Xu) et, vous arrivez sur Hai.

- En résumé, à partir de Chen, retenez le nombre de « sauts » : **1-2-1**.

六合 (Liù Hé) Les Six Combinaisons

Les Branches Terrestres des Six Combinaisons sont les suivantes :

六合 (Liù Hé) Six Combinaisons		
Branches Terrestres		**Résultat**
午(Wu) +Feu	未(Wei) -Terre	Feu
巳(Si) -Feu	申(Shen) +Métal	Eau
辰(Chen) +Terre	酉(You) -Métal	Métal
卯(Mao) -Bois	戌(Xu) +Terre	Feu
寅(Yin) +Bois	亥(Hai) -Eau	Bois
丑(Chou) -Terre	子(Zi) +Eau	Terre

六合 (Liù Hé) est connu sous le nom des Six Combinaisons illustrées sur le tableau ci-dessous :

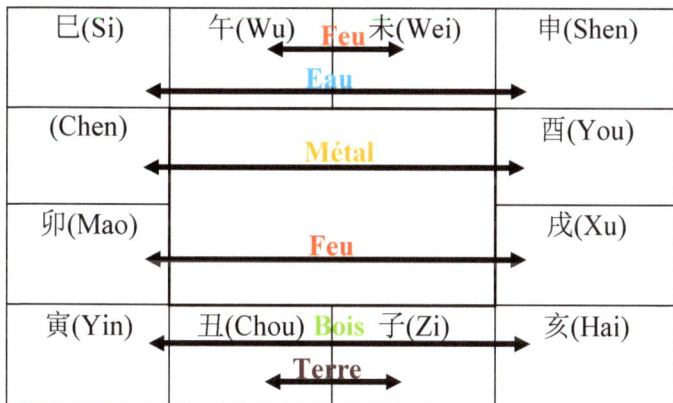

Le FengShui sur le bout des doigts

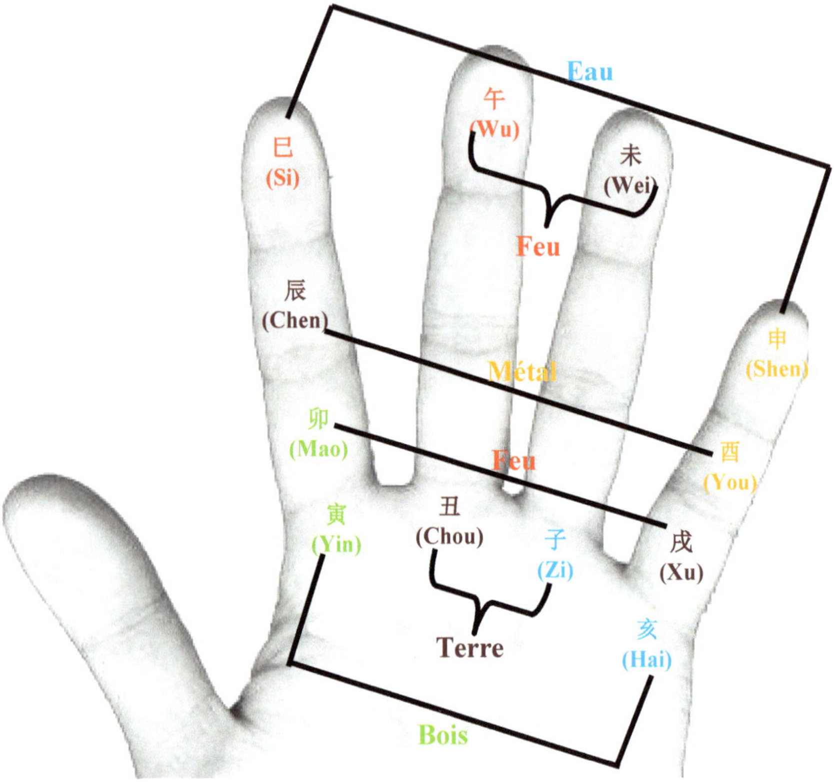

Explications :

- Les combinaisons se conçoivent horizontalement.
- En recourant d'abord à la combinaison Wu-Wei, vous obtiendrez le Feu, puis l'Eau, ensuite le Métal (ce qui peut se résumer en FEM), puis dans l'ordre suivant, le Feu, le Bois et la Terre. (FBT).

相害 (Xiāng Hài) Heurts conflictuels / Désagrément

Les Branches Terrestres des Heurts conflictuels sont les suivants :

相害 *(Xiāng Hài)* Heurts Conflictuels	
Branches Terrestres	
辰(Chen) +Terre	卯(Mao) -Bois
巳(Si) -Feu	寅(Yin) +Bois
午(Wu) +Feu	丑(Chou) -Terre
未(Wei) -Terre	子(Zi) +Eau
申(Shen) +Métal	亥(Hai) -Eau
酉(You) -Métal	戌(Xu) +Terre

相害 (Xiāng Hài) est connu sous le nom de Heurts Conflictuels ou 穿 (Perforage). Il peut également être illustré comme ci-dessous, montrant mieux les oppositions :

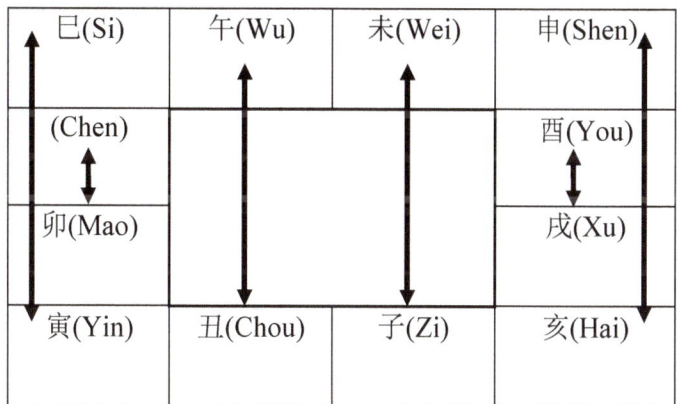

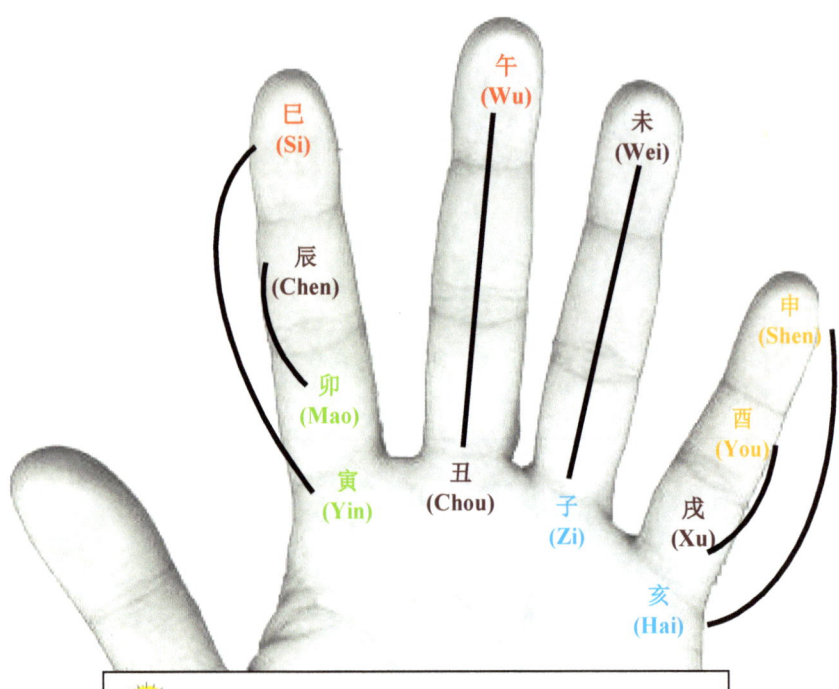

> 💡 **Astuces :**
> - Ces oppositions se formalisent par contre verticalement.

相破 (Xiāng Pò) Heurts induits / Destruction/ Rupture

Les Branches Terrestres Destruction ou Rupture sont les suivantes :

相破 (Xiāng Pò) Heurts induits / Destruction / Rupture	
Branches Terrestres	
巳(Si) -Feu	申(Shen) +Métal
寅(Yin) +Bois	亥(Hai) -Eau
卯(Mao) -Bois	午(Wu) +Feu
辰(Chen) +Terre	丑(Chou) -Terre
未(Wei) -Terre	戌(Xu) +Terre
酉(You) -Métal	子(Zi) +Eau

相破 (Xiāng Pò) est connu sous le nom de Heurts induits, Destruction ou Rupture, matérialisé ci-après:

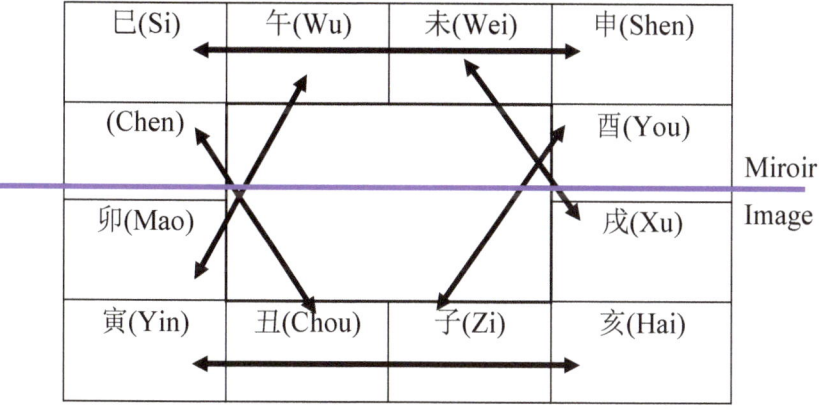

Le FengShui sur le bout des doigts

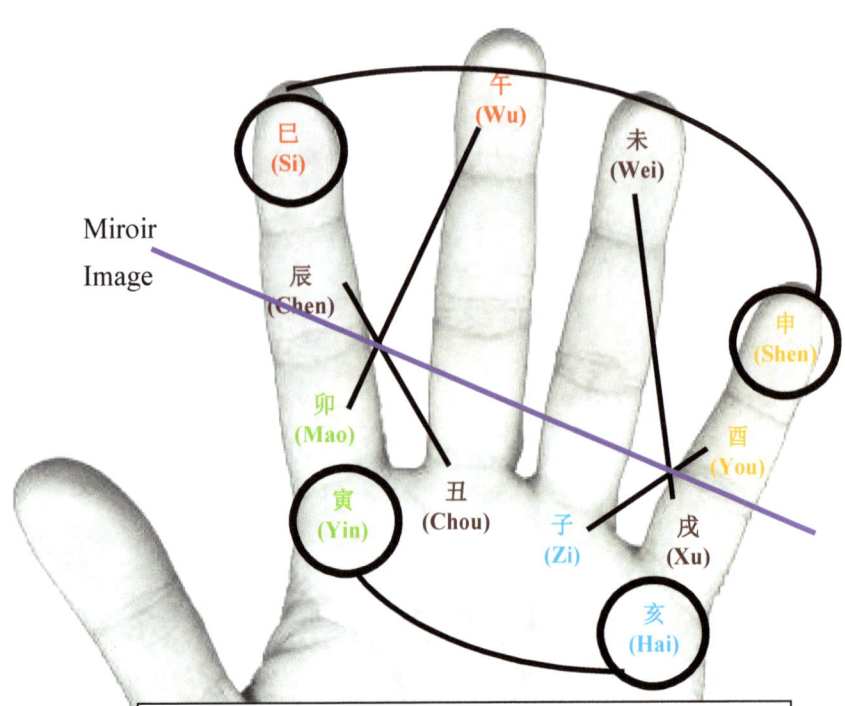

Miroir Image

 Explications :
- C'est la réflection d'un miroir.
- Sì Shēng : Rupture Yin – Hai, Rupture Si – Shen
- Sì Zhèng : Rupture Wu – Mao, Rupture Zi – You
- Sì Mù : Rupture Chen – Chou, Rupture Wei – Xu

Chapitre 4 – 神煞 (Shén Shā)

空亡 (Kōng Wáng) La Mort et le Vide

Le tableau de la Mort et du Vide, 空亡 (Kōng Wáng), se présente comme suit :

60 Jia Zi						
	甲(Jia) 子(Zi)	甲(Jia) 戌(Xu)	甲(Jia) 申(Shen)	甲(Jia) 午(Wu)	甲(Jia) 辰(Chen)	甲(Jia) 寅(Yin)
	乙(Yi) 丑(Chou)	乙(Yi) 亥(Hai)	乙(Yi) 酉(You)	乙(Yi) 未(Wei)	乙(Yi) 巳(Si)	乙(Yi) 卯(Mao)
	丙(Bing) 寅(Yin)	丙(Bing) 子(Zi)	丙(Bing) 戌(Xu)	丙(Bing) 申(Shen)	丙(Bing) 午(Wu)	丙(Bing) 辰(Chen)
	丁(Ding) 卯(Mao)	丁(Ding) 丑(Chou)	丁(Ding) 亥(Hai)	丁(Ding) 酉(You)	丁(Ding) 未(Wei)	丁(Ding) 巳(Si)
	戊(Wu) 辰(Chen)	戊(Wu) 寅(Yin)	戊(Wu) 子(Zi)	戊(Wu) 戌(Xu)	戊(Wu) 申(Shen)	戊(Wu) 午(Wu)
	己(Ji) 巳(Si)	己(Ji) 卯(Mao)	己(Ji) 丑(Chou)	己(Ji) 亥(Hai)	己(Ji) 酉(You)	己(Ji) 未(Wei)
	庚(Geng) 午(Wu)	庚(Geng) 辰(Chen)	庚(Geng) 寅(Yin)	庚(Geng) 子(Zi)	庚(Geng) 戌(Xu)	庚(Geng) 申(Shen)
	辛(Xin) 未(Wei)	辛(Xin) 巳(Si)	辛(Xin) 卯(Mao)	辛(Xin) 丑(Chou)	辛(Xin) 亥(Hai)	辛(Xin) 酉(You)
	壬(Ren) 申(Shen)	壬(Ren) 午(Wu)	壬(Ren) 辰(Chen)	壬(Ren) 寅(Yin)	壬(Ren) 子(Zi)	壬(Ren) 戌(Xu)
	癸(Gui) 酉(You)	癸(Gui) 未(Wei)	癸(Gui) 巳(Si)	癸(Gui) 卯(Mao)	癸(Gui) 丑(Chou)	癸(Gui) 亥(Hai)
空亡 (Kōng Wáng)	戌(Xu), 亥(Hai)	申(Shen), 酉(You)	午(Wu), 未(Wei)	辰(Chen), 巳(Si)	寅(Yin), 卯(Mao)	子(Zi), 丑(Chou)

Il y a 10 Troncs Célestes et 12 Branches Terrestres. En conséquence, seulement 10 de ces dernières peuvent être combinées avec les 10 Troncs Célestes. Les deux Branches Terrestres supplémentaires sont appelées 空亡 (Kōng Wáng). Ainsi, les deux Branches Terrestres après le Tronc Céleste Gui sont 空亡 (Kōng Wáng). On remarquera par exemple pour la première colonne du tableau, où se trouve Gui You, qu'il s'agit des Branches Terrestres Xu et Hai (dans la séquence des Branches Terrestres, Xu et Hai sont après You).

Pour trouver un 空亡 (Kōng Wáng) dans une colonne donnée du tableau, le Tronc Céleste Gui de toutes les colonnes se trouve être toujours en 10ème ligne. Les Branches Terrestres suivantes sont alors 空亡 (Kōng Wáng).

Si nous prenons la combinaison Geng Chen (seconde colonne, 7ème ligne), le 空亡 (Kōng Wáng) est alors Shen et You. Si nous représentons ce tableau sur les doigts, il faut procéder ainsi :

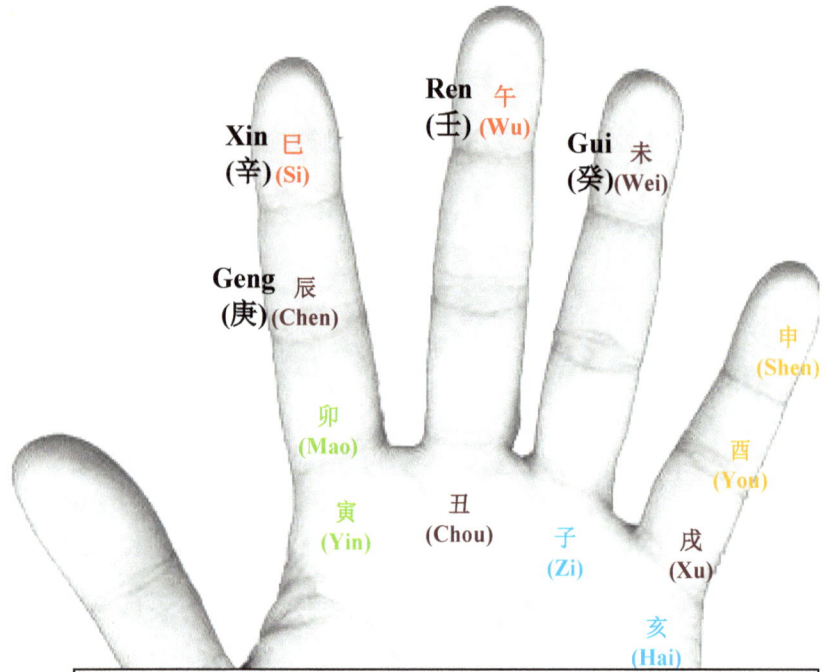

 Astuces :
- Commencez par le JiaZi que vous voulez trouver
- Commencez par compter sur la Branche Terrestre avec le Tronc Céleste jusqu'à ce que vous atteigniez Gui.
- Ainsi les deux Branches Terrestres supplémentaires constituent le 空亡 (Kōng Wáng).

驿马 (Yì Mǎ) Le Cheval Voyageur

Tableau de correspondance du 驿马 (Yì Mǎ) Cheval Voyageur :

驿马 (Yì Mǎ) Cheval Voyageur			
Branches Terrestres	Cheval	Branches Terrestres	Cheval
子(Zi) +Eau	寅(Yin) +Bois	午(Wu) +Feu	申(Shen) +Métal
丑(Chou) -Terre	亥(Hai) -Eau	未(Wei) -Terre	巳(Si) -Feu
寅(Yin) +Bois	申(Shen) +Métal	申(Shen) +Métal	寅(Yin) +Bois
卯(Mao) -Bois	巳(Si) -Feu	酉(You) -Métal	亥(Hai) -Eau
辰(Chen) +Terre	寅(Yin) +Bois	戌(Xu) +Terre	申(Shen) +Métal
巳(Si) -Feu	亥(Hai) -Eau	亥(Hai) -Eau	巳(Si) -Feu

Veuillez noter que le 驿马 (Yì Mǎ) est l'un des 四生 (sì shēng) Quatre Croissances (Yin, Si, Hai ou Shen).

Si l'on se fonde sur la Combinaisons des Trois Harmonies, on relèvera en outre que :

- Pour Shen – Zi – Chen, le 驿马 (Yì Mǎ) est Yin.
- Pour Hai – Mao – Wei, le 驿马 (Yì Mǎ) est Si.
- Pour Si – You – Chou, le 驿马 (Yì Mǎ) est Hai.
- Pour Yin – Wu – Xu, le 驿马 (Yì Mǎ) is Shen.

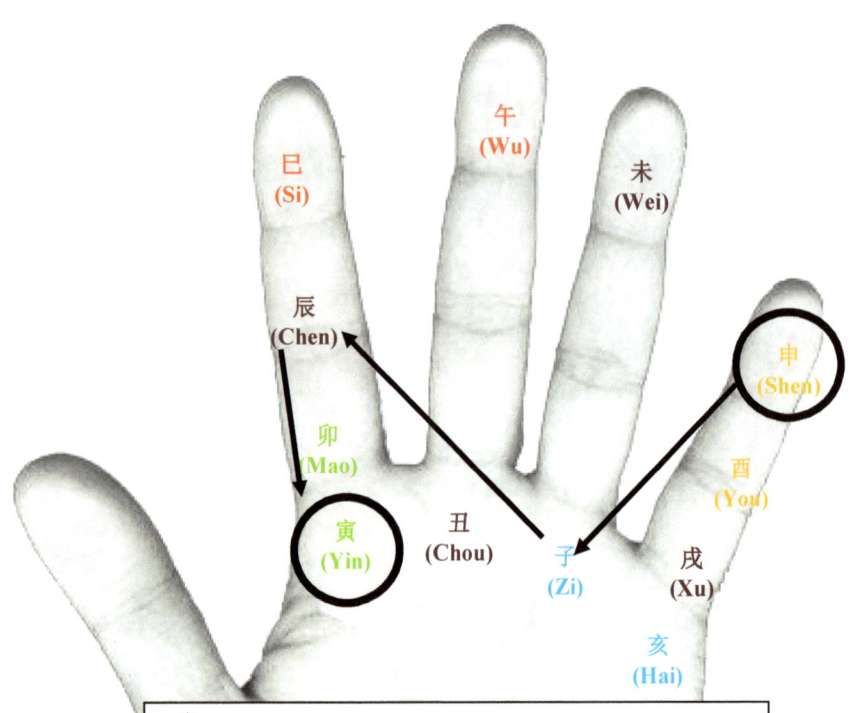

 Astuces :

- Parcourez la Combinaison des Trois Harmonies 三合 (Sān Hé) en suivant un motif en zig-zag jusqu'au 四生 (sì shēng).

- Le 四生 (si shēng) est le 驿马 (Yì Mǎ).

- Shen – Zi => vers le bas, Zi – Chen => vers le haut, donc le plus proche 四生 (sì shēng) vers le bas est Yin.

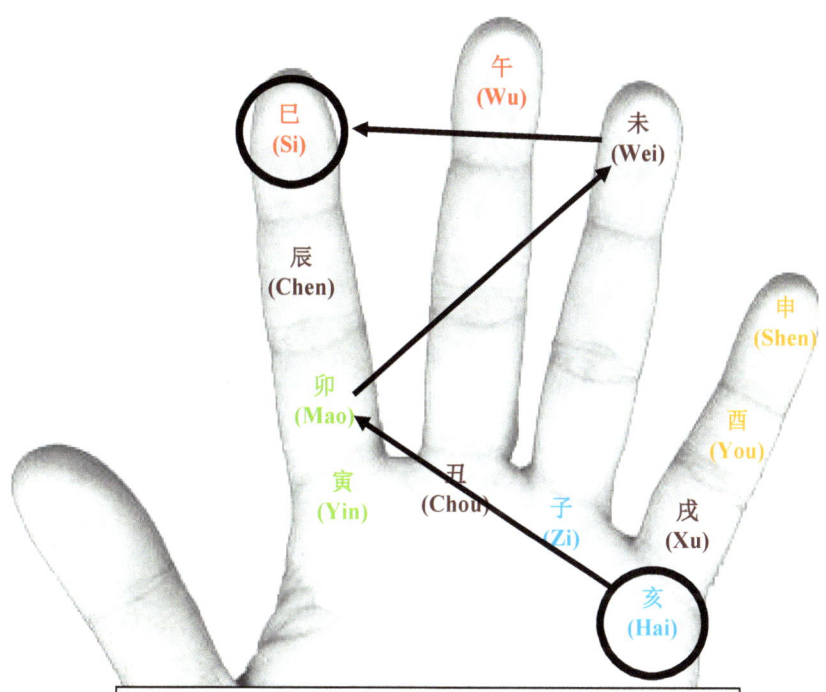

 Astuces :

- Parcourez la Combinaison des Trois Harmonies 三合 (Sān Hé) en suivant un motif en zig-zag jusqu'au 四生 (sì shēng).
- Le 四生 (sì shēng) est le 驿马 (Yì Mǎ).
- Hai – Mao => vers la gauche, Mao - Wei => vers la droite, donc le plus proche 四生 (sì shēng) vers la gauche est Si.

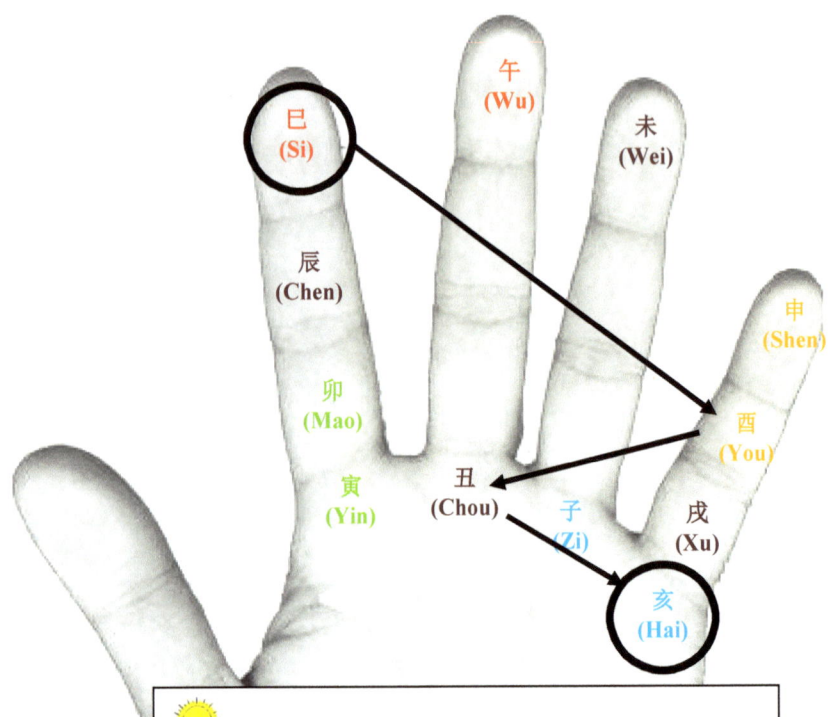

Astuces :

- Parcourez la Combinaison des Trois Harmonies 三合 (Sān Hé) en suivant un motif en zig-zag jusqu'au 四生 (sì shēng).
- Le 四生 (sì shēng) est le 驿马 (Yì Mǎ).
- Si – You => vers la droite, Mao - Wei => vers la gauche, donc le plus proche 四生 (sì shēng) vers la droite est Hai.

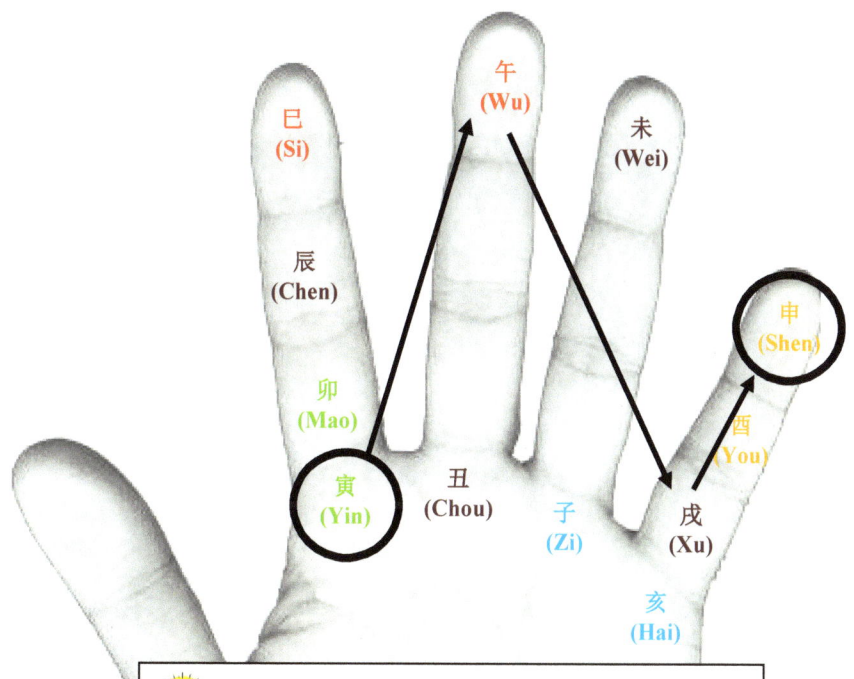

 Astuces :

- Parcourez la Combinaison des Trois Harmonies 三合 (Sān Hé) en suivant un motif en zig-zag jusqu'au 四生 (sì shēng).
- Le 四生 (sì shēng) est le 驿马 (Yì Mǎ)
- Yin – Wu => vers le haut, Wu – Xu => vers le bas, donc le plus proche 四生 (sì shēng) vers le haut est Shen

华盖 (Huá Gài) L'Étoile des Arts

Les correspondances du 华盖 (Huá Gài), l'Étoile des Arts, peuvent s'illustrer comme suit :

华盖 *(Huá Gài) Étoile des Arts*			
Branches Terrestres	**Huá Gài**	**Branches Terrestres**	**Huá Gài**
子(Zi) +Eau	辰(Chen) +Terre	午(Wu) +Feu	戌(Xu) +Terre
丑(Chou) -Terre	丑(Chou) -Terre	未(Wei) -Terre	未(Wei) -Terre
寅(Yin) +Bois	戌(Xu) +Terre	申(Shen) +Métal	辰(Chen) +Terre
卯(Mao) -Bois	未(Wei) -Terre	酉(You) -Métal	丑(Chou) -Terre
辰(Chen) +Terre	辰(Chen) +Terre	戌(Xu) +Terre	戌(Xu) +Terre
巳(Si) -Feu	丑(Chou) -Terre	亥(Hai) -Eau	未(Wei) -Terre

Veuillez noter que le 华盖 (Huá Gài) est l'un des 四墓 (sì mù) Quatre Tombes (Chen, Wei, Xu or Chou).

Cela correspond également au 3ème élément de chacune des 4 combinaisons des 3 Harmonies 三合 (Sān Hé):

- Pour « Shen – Zi – Chen », le 华盖 (Huá Gài) est Chen.
- Pour « Hai – Mao – Wei », le 华盖 (Huá Gài) est Wei.
- Pour « Si – You – Chou », le 华盖 (Huá Gài) est Chou.
- Pour « Yin – Wu – Xu », le 华盖 (Huá Gài) est Xu.

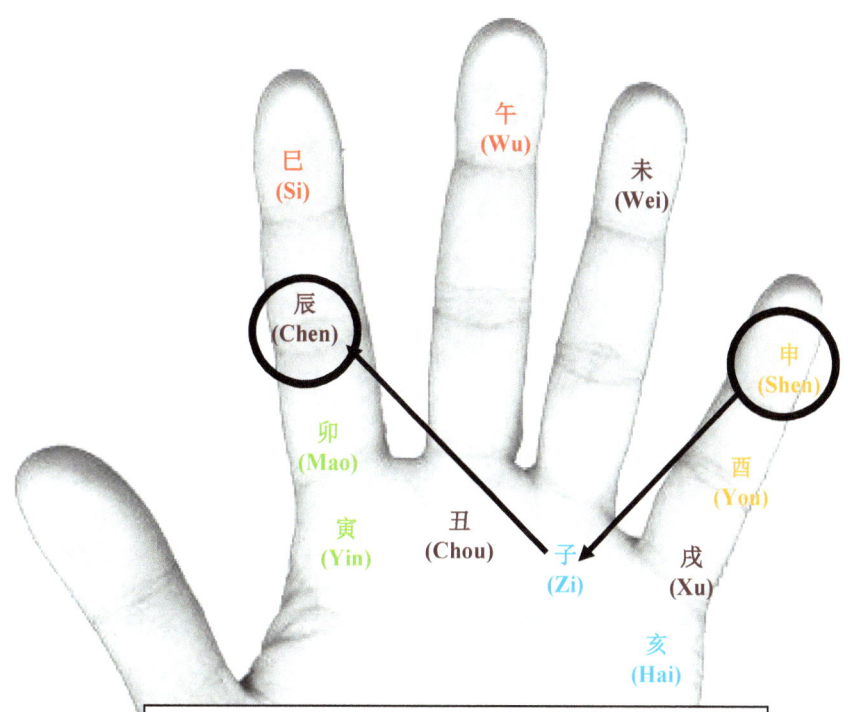

 Astuces :

- Visualisez la combinaison des Trois Harmonies 三合 (Sān Hé) sur les doigts.

- La dernière Branche Terrestre de cette combinaison correspond bien au 华盖 (Huá Gài).

- Dans l'exemple ci-dessus, en vous déplaçant sur la combinaison « Shen – Zi – Chen », vous obtenez bien Chen comme 华盖 (Huá Gài) pour Shen, Zi ou Chen.

Le FengShui sur le bout des doigts

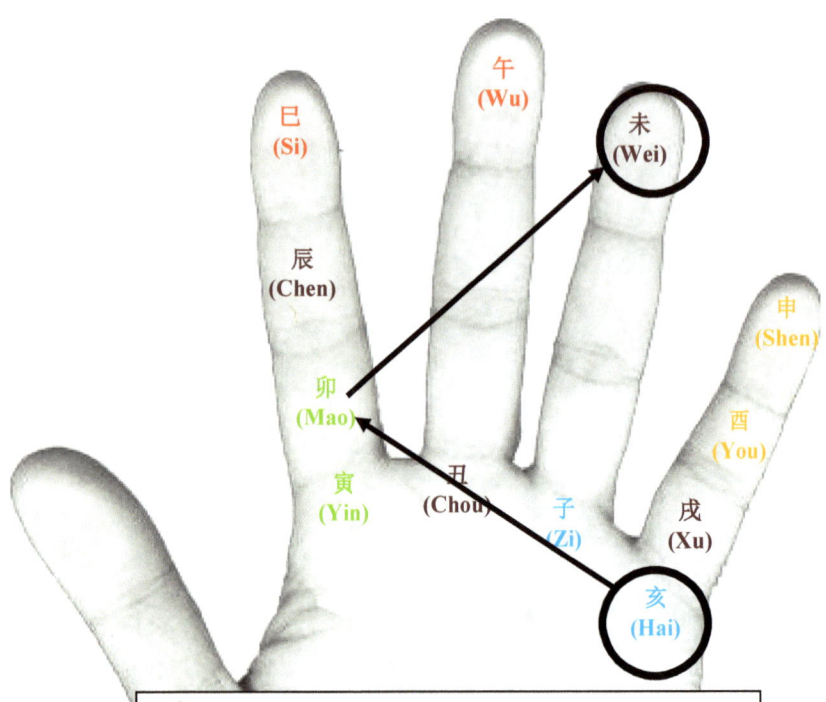

 Astuces :

- Visualisez la combinaison des Trois Harmonies 三合 (Sān Hé) sur les doigts.

- La dernière Branche Terrestre de cette combinaison correspond bien au 华盖 (Huá Gài).

- Dans l'exemple ci-dessus, en vous déplaçant sur la combinaison « Hai – Mao – Wei », vous obtenez bien Wei comme 华盖 (Huá Gài) pour Hai, Mao ou Wei.

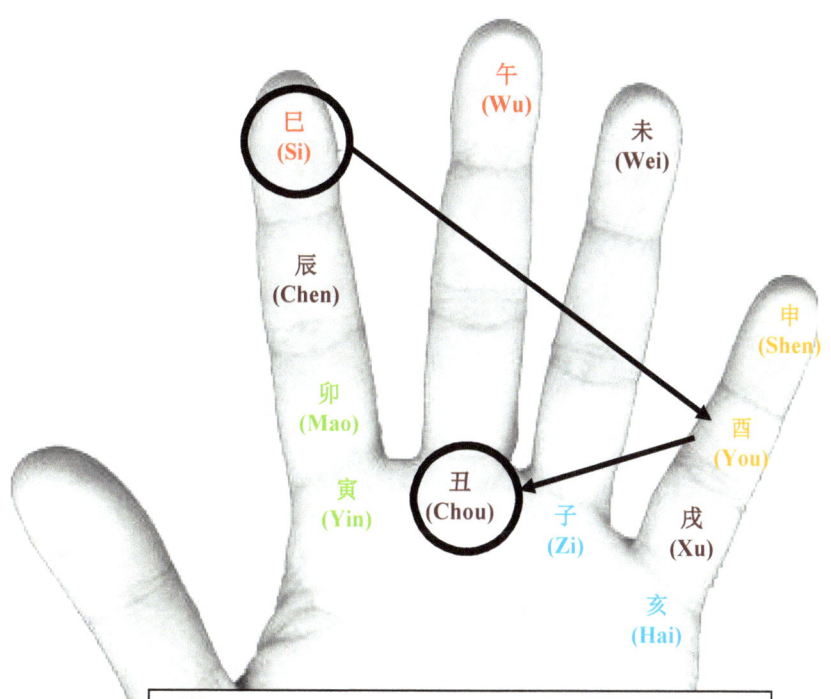

 Astuces :

- Visualisez la combinaison des Trois Harmonies 三合 (Sān Hé) sur les doigts.
- La dernière Branche Terrestre de cette combinaison correspond bien au 华盖 (Huá Gài).
- Dans l'exemple ci-dessus, en vous déplaçant sur la combinaison « Si – You – Chou », vous obtenez bien Chou comme 华盖 (Huá Gài) pour Si, You ou Chou.

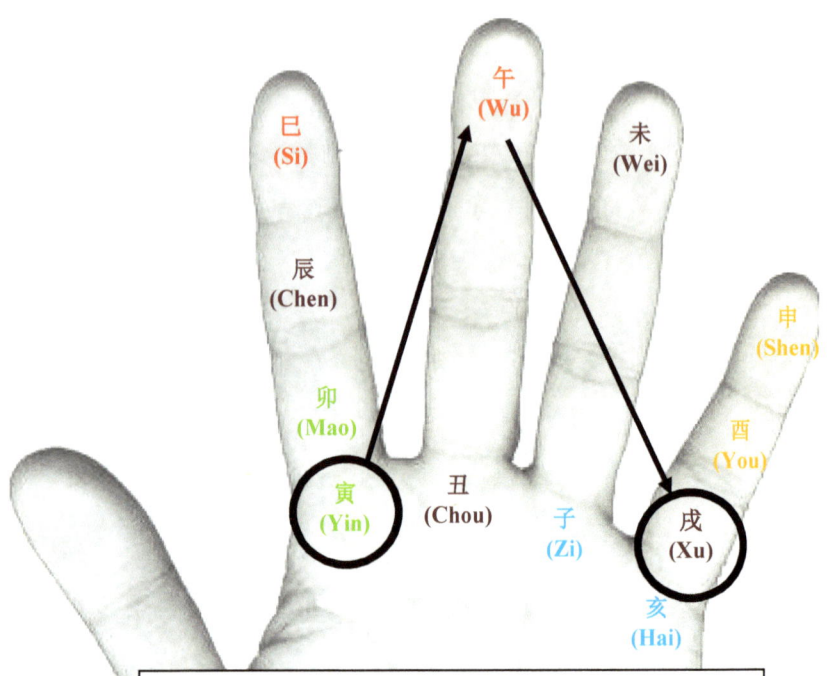

 Astuces :

- Visualisez la combinaison des Trois Harmonies 三合 (Sān Hé) sur les doigts.

- La dernière Branche Terrestre de cette combinaison correspond bien au 华盖 (Huá Gài).

- Dans l'exemple ci-dessus, en vous déplaçant sur la combinaison « Yin – Wu – Xu », vous obtenez bien Xu comme 华盖 (Huá Gài) pour Yin, Wu ou Xu.

桃花 (Táo Huā) La Fleur romantique

Le 桃花 (Táo Huā) ou Fleur Romantique peut s'illustrer comme suit :

桃花 *(Táo Huā) Fleur Romantique*			
Branches Terestres	**Fleur**	**Branches Terrestres**	**Fleur**
子(Zi) +Eau	酉(You) -Métal	午(Wu) +Feu	卯(Mao) -Terre
丑(Chou) -Terre	午(Wu) +Feu	未(Wei) -Terre	子(Zi) +Eau
寅(Yin) +Bois	卯(Mao) -Bois	申(Shen) +Métal	酉(You) -Métal
卯(Mao) -Bois	子(Zi) +Eau	酉(You) -Métal	午(Wu) +Feu
辰(Chen) +Terre	酉(You) -Métal	戌(Xu) +Terre	卯(Mao) -Bois
巳(Si) -Feu	午(Wu) +Feu	亥(Hai) -Eau	子(Zi) +Eau

Veuillez noter que le 桃花 (Táo Huā) est l'un des 四正 (sì zhèng) Quatre Cardinaux (Zi, Wu, Mao et You).

On notera en outre, concernant les combinaisons des 3 Harmonies 三合 (Sān Hé) que:

- Pour « Shen – Zi – Chen », le 桃花 (Táo Huā) est You.
- Pour « Hai – Mao – Wei », le 桃花 (Táo Huā) est Zi.
- Pour « Si – You – Chou », le 桃花 (Táo Huā) est Wu.
- Pour « Yin – Wu – Xu », le 桃花 (Táo Huā) est Mao.

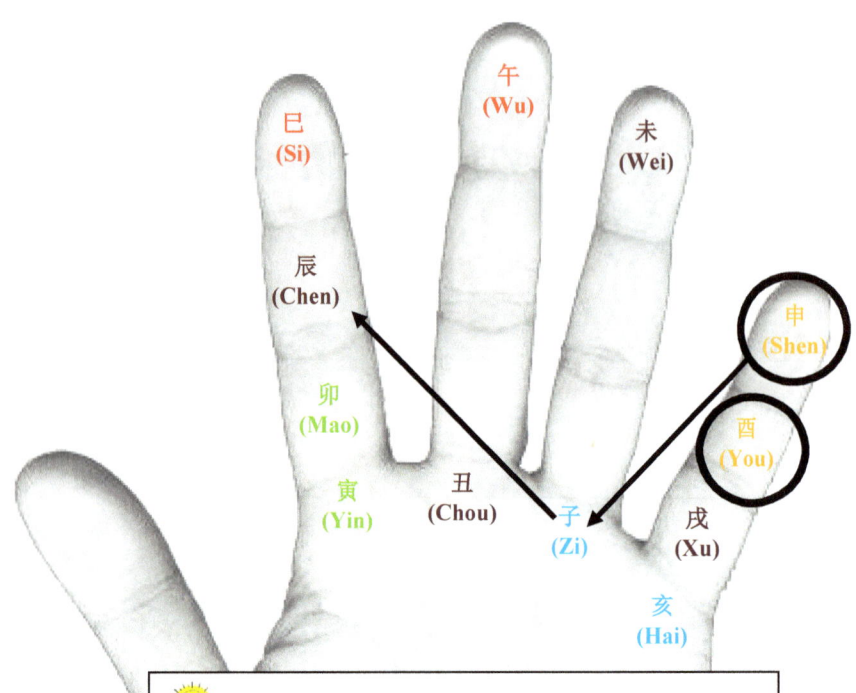

 Astuces :

- Visualisez la combinaison des Trois Harmonies 三合 (Sān Hé) sur les doigts.
- Le 桃花 (Táo Huā) est en fait la Branche Terrestre après la 1ère Branche Terrestre de la combinaison.
- Pour « Shen – Zi – Chen », You se trouve de fait après Shen, et représente donc le 桃花 (Táo Huā) pour Shen, Zi ou Chen.

Le FengShui sur le bout des doigts

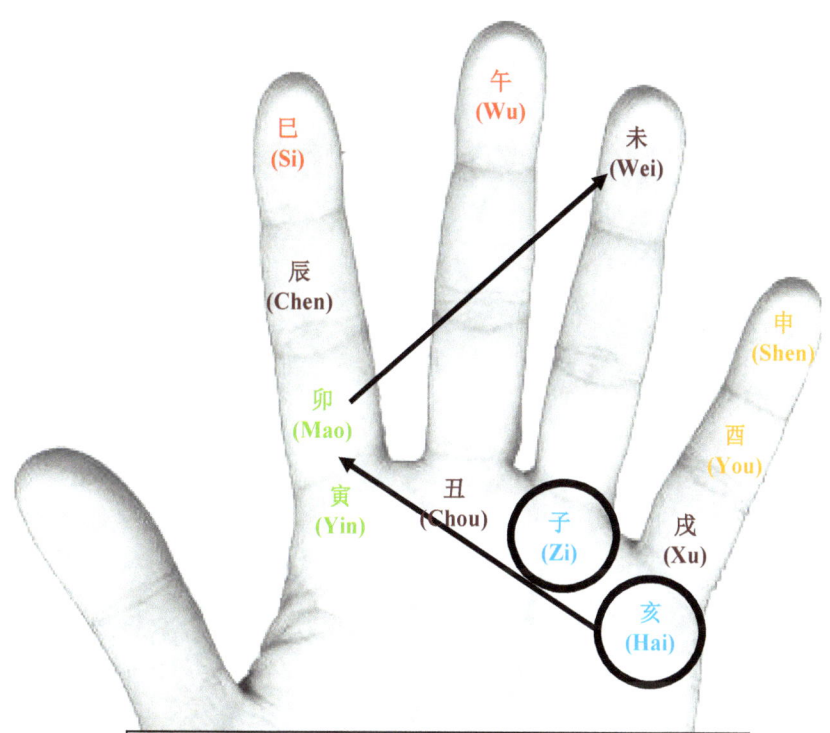

 Astuces :

- Visualisez la combinaison des Trois Harmonies 三合 (Sān Hé) sur les doigts.
- Le 桃花 (Táo Huā) est en fait la Branche Terrestre après la 1ère Branche Terrestre de la combinaison.
- Pour « Hai – Mao – Wei », Zi se trouve de fait après Hai, et représente donc le 桃花 (Táo Huā) pour Hai, Mao ou Wei.

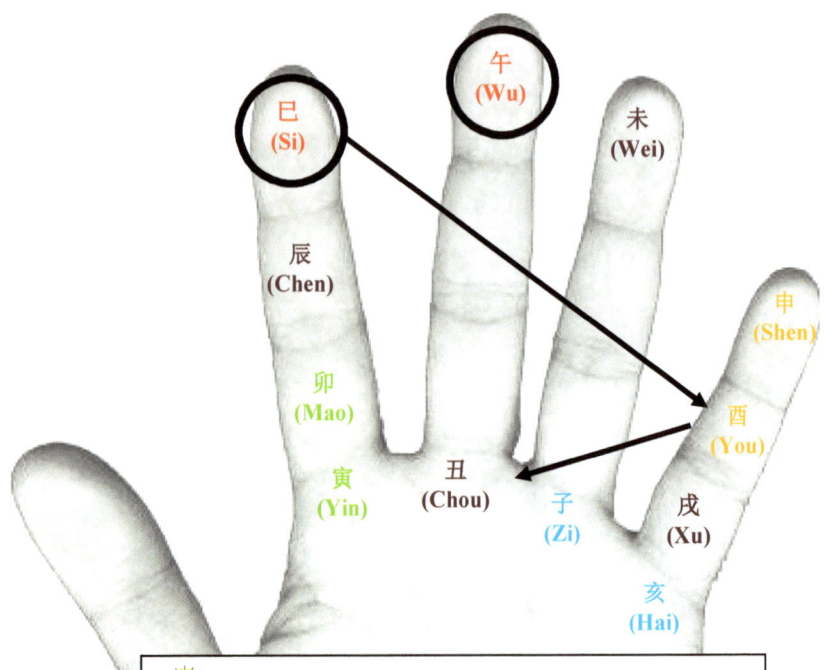

Astuces :

- Visualisez la combinaison des Trois Harmonies 三合 (Sān Hé) sur les doigts.

- Le 桃花 (Táo Huā) est en fait la Branche Terrestre après la 1ère Branche Terrestre de la combinaison.

- Pour « Si – You – Chou », Wu se trouve de fait après Si, et représente donc le 桃花 (Táo Huā) pour Si, You ou Chou.

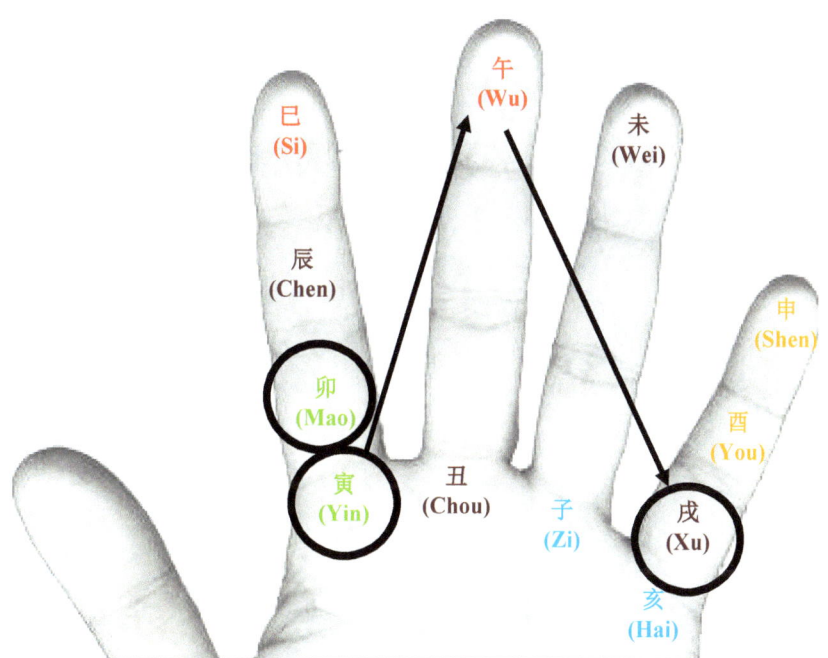

 Astuces :

- Visualisez la combinaison des Trois Harmonies 三合 (Sān Hé) sur les doigts.

- Le 桃花 (Táo Huā) est en fait la Branche Terrestre après la 1ère Branche Terrestre de la combinaison.

- Pour « Yin – Wu – Xu », Mao se trouve de fait après Yin, et représente donc le 桃花 (Táo Huā) pour Yin, Wu ou Xu.

Le FengShui sur le bout des doigts

将星 (Jiāng Xīng) L'Étoile du Général

Les correspondances peuvent s'illustrer comme suit :

将星 (Jiāng Xīng) L'Étoile du Général			
Branches Terrestres	**Étoile du Général**	**Branches Terrestres**	**Étoile du Général**
子(Zi) +Eau	子(Zi) +Eau	午(Wu) +Feu	午(Wu) +Feu
丑(Chou) -Terre	酉(You) -Métal	未(Wei) -Terre	卯(Mao) -Bois
寅(Yin) +Bois	午(Wu) +Feu	申(Shen) +Métal	子(Zi) +Eau
卯(Mao) -Bois	卯(Mao) -Bois	酉(You) -Métal	酉(You) -Métal
辰(Chen) +Terre	子(Zi) +Eau	戌(Xu) +Terre	午(Wu) +Feu
巳(Si) -Feu	酉(You) -Métal	亥(Hai) -Eau	卯(Mao) -Bois

Veuillez noter que le 将星 (Jiāng Xīng) est l'un des 四正 (sì zhèng) Quatre Cardinaux (Zi, Wu, Mao et You).

En recourant aux Combinaisons des Trois Harmonies 三合 (Sān Hé), il est précisé que

- Pour « Shen – Zi – Chen », le 将星 (Jiāng Xīng) est Zi.
- Pour « Hai – Mao – Wei », le 将星 (Jiāng Xīng) est Mao.
- Pour « Si – You – Chou », le 将星 (Jiāng Xīng) est You.
- Pour « Yin – Wu – Xu », le 将星 (Jiāng Xīng) est Wu.

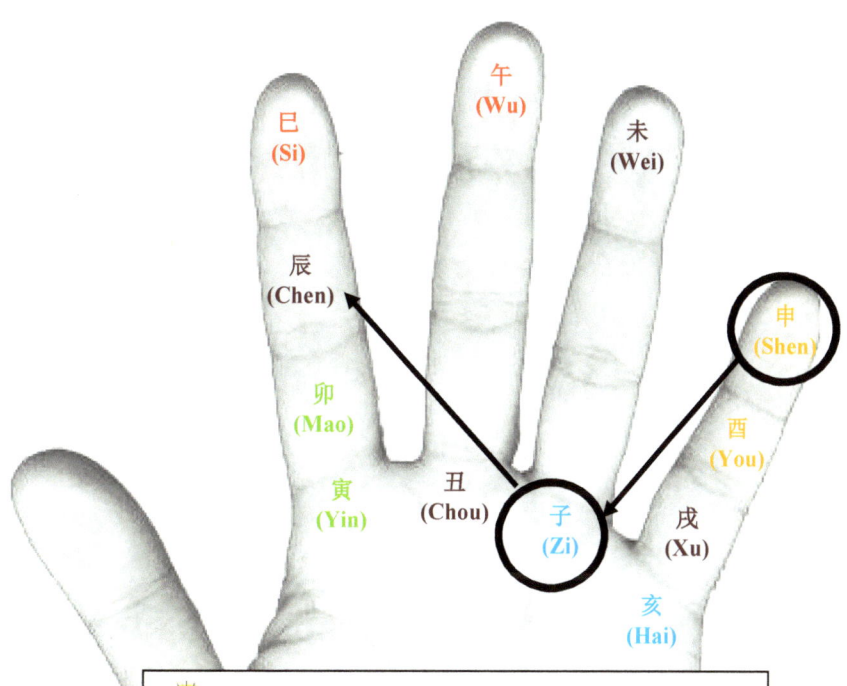

 Astuces :

- Toujours en visualisant sur vos doigts la Combinaison des 3 Harmonies 三合 (Sān Hé)
- Le 将星 (Jiāng Xīng) est la deuxième Branche Terrestre de la Combinaison des 3 Harmonies
- Zi est la deuxème Branche Terrestre de « Shen-Zi-Chen », donc Zi représente le 将星 (Jiāng Xīng) pour Shen, Zi ou Chen.

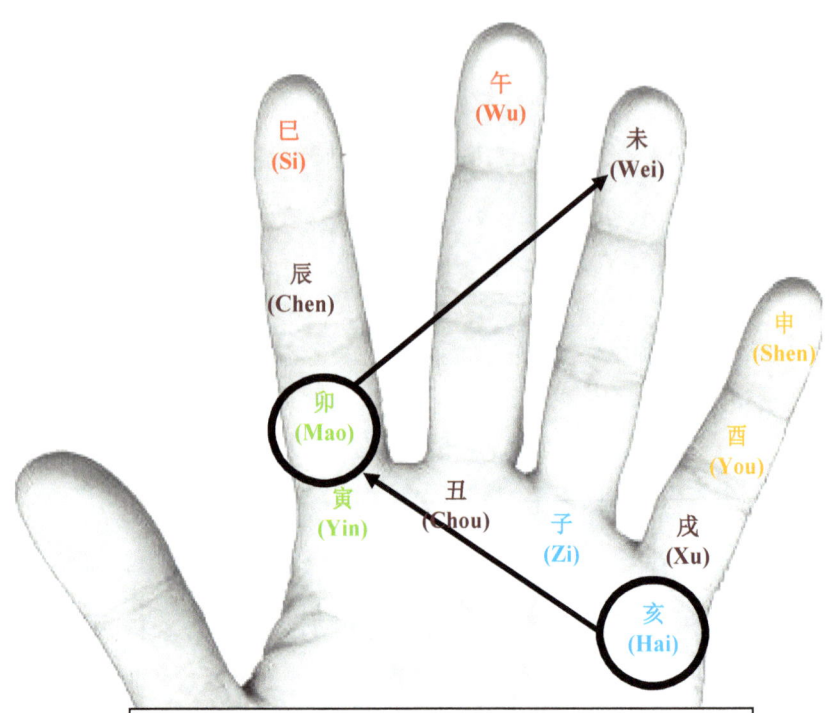

 Astuces :

- Toujours en visualisant sur vos doigts la Combinaison des Trois Harmonies 三合 (Sān Hé)
- Le 将星 (Jiāng Xīng) est la deuxième Branche Terrestre de la Combinaison des 3 Harmonies
- Mao est la deuxième Branche Terrestre de « Hai-Mao-Wei », donc Mao représente le 将星 (Jiāng Xīng) pour Hao, Mao ou Wei.

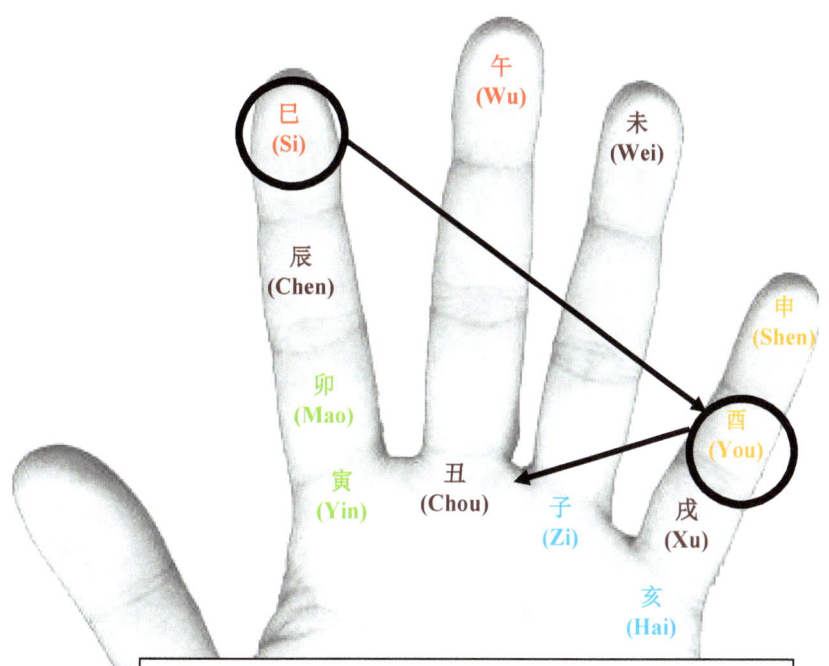

 Astuces :

- Toujours en visualisant sur vos doigts la Combinaison des Trois Harmonies 三合 (Sān Hé)
- Le 将星 (Jiāng Xīng) est la deuxième Branche Terrestre de la Combinaison des 3 Harmonies
- You est la deuxième Branche Terrestre de « Si-You-Chou », donc You représente le 将星 (Jiāng Xīng) pour Si, You ou Chou.

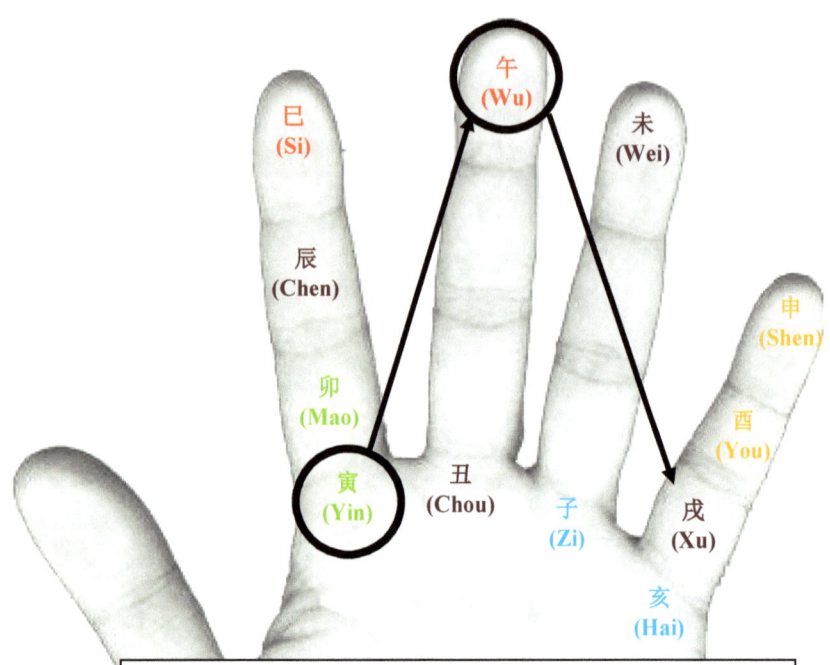

 Astuces :

- Toujours en visualisant sur vos doigts la Combinaison des 3 Harmonies 三合 (Sān Hé)
- Le 将星 (Jiāng Xīng) est la deuxième Branche Terrestre de la Combinaison des 3 Harmonies
- Wu est la deuxième Branche Terrestre de « Yin-Wu-Xu », donc Wu représente le 将星 (Jiāng Xīng) pour Yin, Wu ou Xu.

劫煞 (Jié Shā) L'Étoile Voleuse

Les correspondances peuvent s'illustrer comme suit :

劫煞 (Jié Shā) Étoile Voleuse			
Branches Terrestres	**Étoile Voleuse**	**Branches Terrestres**	**Étoile Voleuse**
子(Zi) +Eau	巳(Si) -Feu	午(Wu) +Feu	亥(Hai) -Eau
丑(Chou) -Terre	寅(Yin) +Bois	未(Wei) -Terre	申(Shen) +Métal
寅(Yin) +Bois	亥(Hai) -Eau	申(Shen) +Métal	巳(Si) -Feu
卯(Mao) -Bois	申(Shen) +Métal	酉(You) -Métal	寅(Yin) +Bois
辰(Chen) +Terre	巳(Si) -Feu	戌(Xu) +Terre	亥(Hai) -Eau
巳(Si) -Feu	寅(Yin) +Bois	亥(Hai) -Eau	申(Shen) +Métal

Le 劫煞 (Jié Shā) est l'un des 四生 (sì shēng) Quatre Croissances (Yin, Si, Hai ou Shen).

On notera en outre, concernant les combinaisons des 3 Harmonies 三合 (Sān Hé) que :

- Pour « Shen – Zi – Chen », le 劫煞 (Jié Shā) est Si.
- Pour « Hai – Mao – Wei », le 劫煞 (Jié Shā) est Shen.
- Pour « Si – You – Chou », le 劫煞 (Jié Shā) est Yin.
- Pour « Yin – Wu – Xu », le 劫煞 (Jié Shā) est Hai.

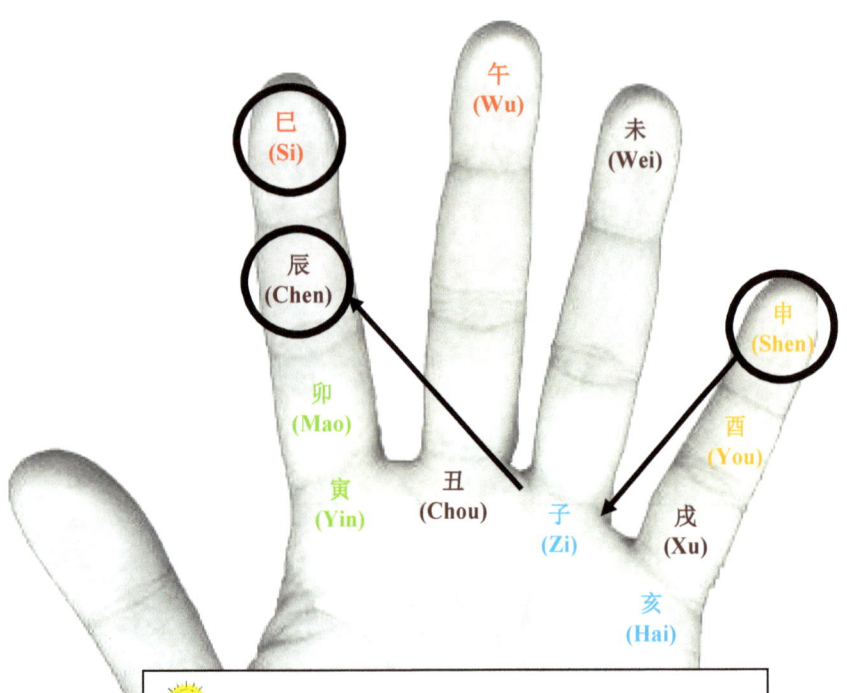

💡 Astuces :
- Visualisez la combinaison des Trois Harmonies de votre choix sur vos doigts.
- Le 劫煞 (Jié Shā) sera alors la prochaine Branche Terrestre après le troisième élément de la Combinaison des Trois Harmonies 三合 (Sān Hé) retenue.
- Pour « Shen – Zi – Chen », Chen est la 3ème Branche Terrestre et Si est la Branche Terrestre après Chen donc Si représente le 劫煞 (Jié Shā) pour Shen, Zi ou Chen.

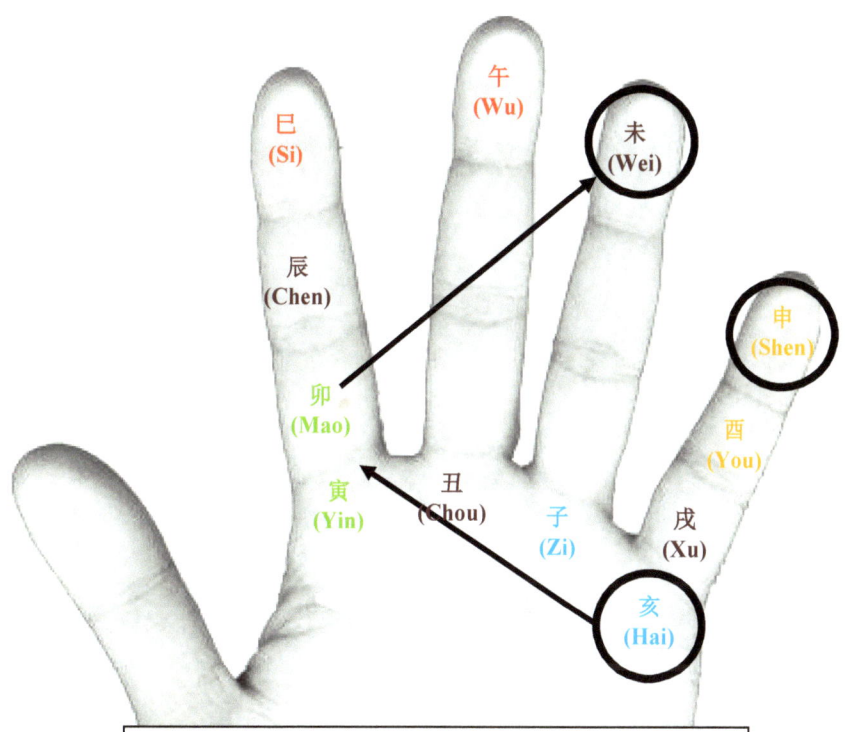

 Astuces :

- Visualisez la combinaison des Trois Harmonies de votre choix sur vos doigts.

- Le 劫煞 (Jié Shā) sera alors la prochaine Branche Terrestre après le troisième élément de la Combinaison des Trois Harmonies 三合 (Sān Hé) retenue.

- Pour « Hai – Mao – Wei », Wei est la 3ème Branche Terrestre et Shen est la Branche Terrestre après Wei donc Shen représente le 劫煞 (Jié Shā) pour Hai, Mao ou Wei.

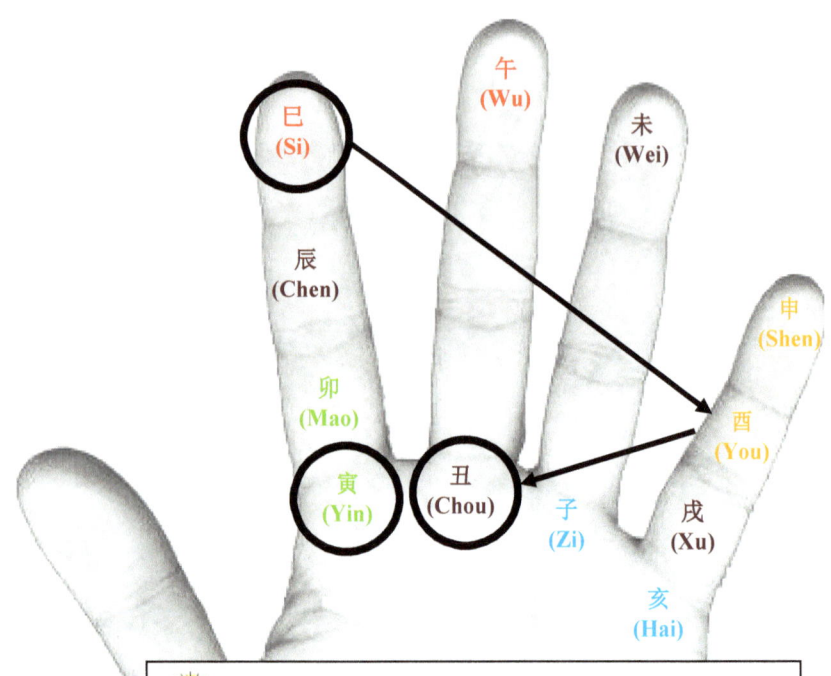

 Astuces :

- Visualisez la combinaison des Trois Harmonies de votre choix sur vos doigts.

- Le 劫煞 (Jié Shā) sera alors la prochaine Branche Terrestre après le troisième élément de la Combinaison des Trois Harmonies 三合 (Sān Hé) retenue.

- Pour « Si – You – Chou », Chou est la 3ème Branche Terrestre et Yin est la Branche Terrestre après Chou donc Yin représente le 劫煞 (Jié Shā) pour Si, You ou Chou.

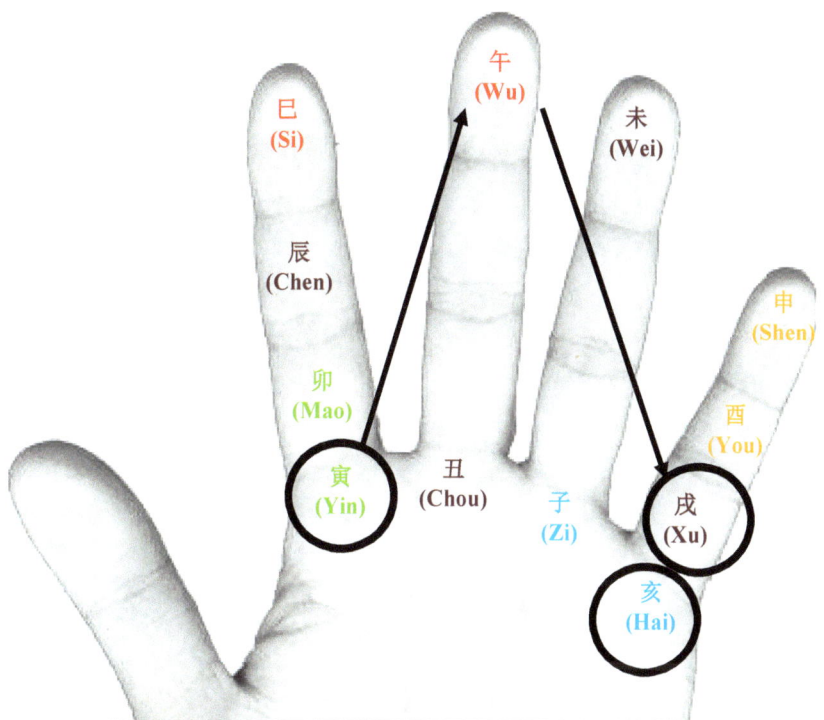

 Astuces :

- Visualisez la combinaison des Trois Harmonies de votre choix sur vos doigts.

- Le 劫煞 (Jié Shā) sera alors la prochaine Branche Terrestre après le troisième élément de la Combinaison des Trois Harmonies 三合 (Sān Hé) retenue.

- Pour « Yin – Wu – Xu », Xu est la 3ème Branche Terrestre et Hai est la Branche Terrestre après Xu donc Hai représente le 劫煞 (Jié Shā) pour Yin, Wu ou Xu.

Le FengShui sur le bout des doigts

亡神 (Wáng Shén) L'Étoile de la Mort ou Dieu de la Mort

Les correspondances peuvent s'illustrer comme suit :

亡神 (Wáng Shén) Étoile de la Mort ou Dieu de la Mort			
Branches Terrestres	Dieu de la Mort	Branches Terrestres	Dieu de la Mort
子(Zi) +Eau	亥(Hai) -Eau	午(Wu) +Feu	巳(Si) -Feu
丑(Chou) -Terre	申(Shen) + Métal	未(Wei) -Terre	寅(Yin) +Bois
寅(Yin) +Bois	巳(Si) -Feu	申(Shen) + Métal	亥(Hai) -Eau
卯(Mao) -Bois	寅(Yin) +Bois	酉(You) - Métal	申(Shen) + Métal
辰(Chen) +Terre	亥(Hai) -Eau	戌(Xu) +Terre	巳(Si) -Feu
巳(Si) -Feu	申(Shen) + Métal	亥(Hai) -Eau	寅(Yin) +Bois

Là encore, on notera que, le 亡神 (Wáng Shén) est l'un des 四生 (sì shēng) Quatre Croissances (Yin, Si, Hai ou Shen).

On relèvera également que le 亡神 (Wáng Shén) correspondant à chacune des Combinaisons des 3 Harmonies 三合 (Sān Hé) est:

- Hai pour « Shen – Zi – Chen »
- Yin pour « Hai – Mao – Wei »
- Shen pour « Si – You – Chou »
- Si pour « Yin – Wu – Xu »

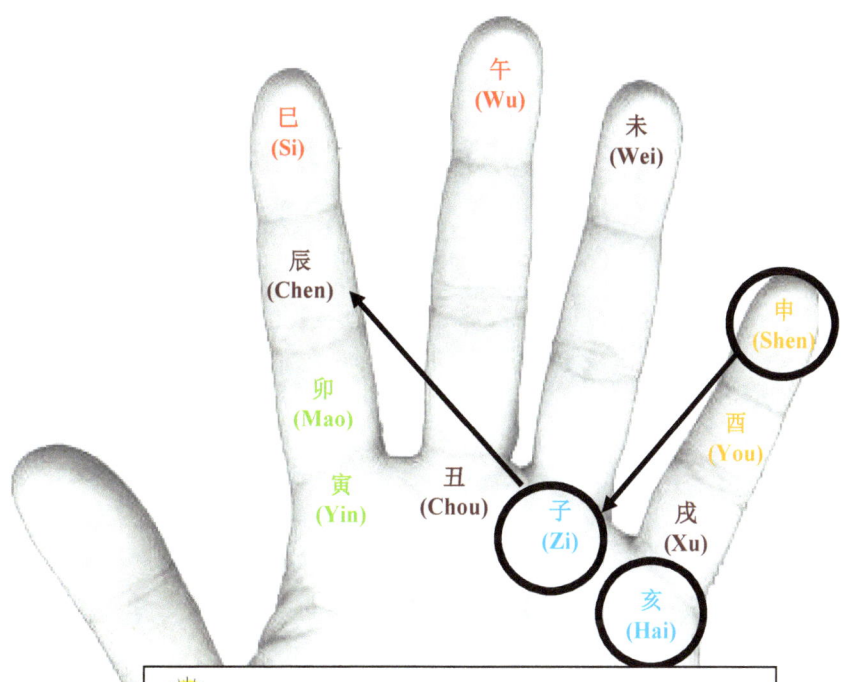

💡 Astuces :

- Toujours en visualisant la Combinaison des Trois Harmonies 三合 (Sān Hé) sur vos doigts.

- On remarquera que le 亡神 (Wáng Shén) est la Branche Terrestre précédant le second élément de la Combinaison des Trois Harmonies 三合 (Sān Hé).

- Dans la combinaison « Shen – Zi – Chen », Zi est la deuxième Branche Terrestre, précédée par Hai. Donc, Hai représente le 亡神 (Wáng Shén) pour chacune des composantes de cette harmonie : Shen, Zi ou Chen.

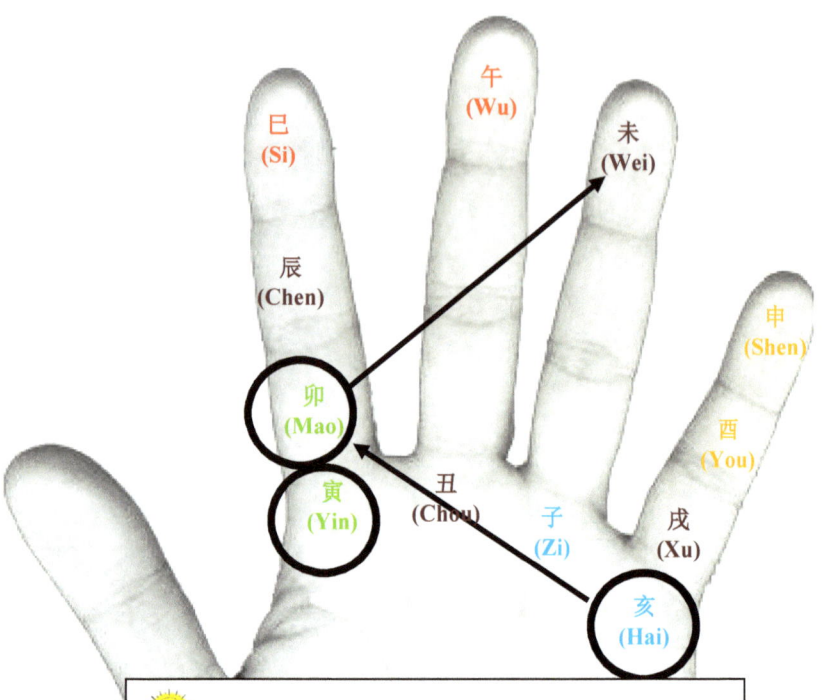

Astuces :

- Toujours en visualisant la Combinaison des Trois Harmonies 三合 (Sān Hé) sur vos doigts.

- On remarquera que le 亡神 (Wáng Shén) est la Branche Terrestre précédant le second élément de la Combinaison des Trois Harmonies 三合 (Sān Hé).

- Dans la combinaison « Hai – Mao – Wei », Mao est la deuxième Branche Terrestre, précédée par Yin. Donc, Yin représente le 亡神 (Wáng Shén) pour chacune des composantes de cette harmonie : Hai, Mao ou Wei.

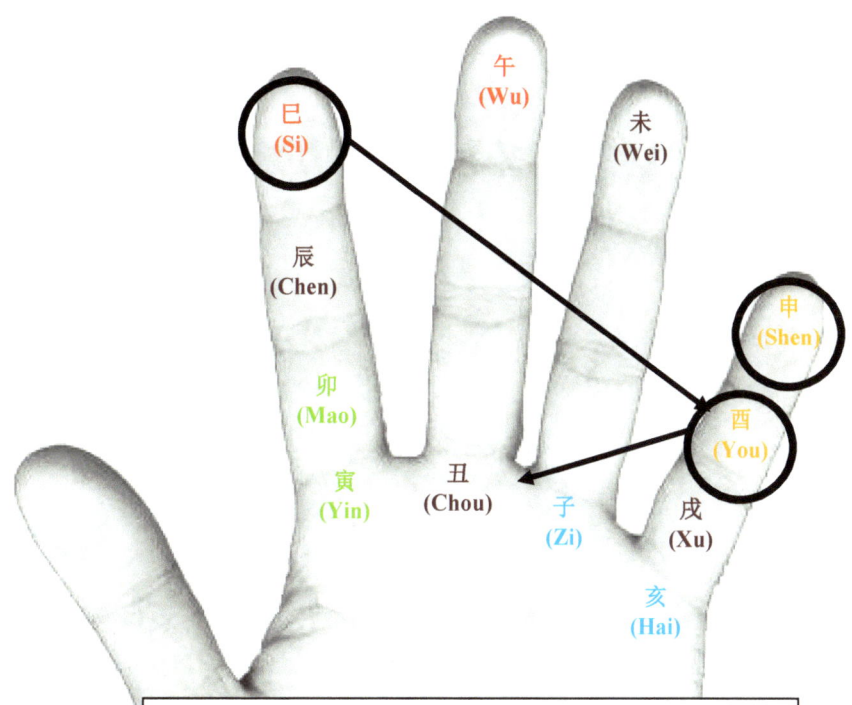

 Astuces :

- Toujours en visualisant la Combinaison des Trois Harmonies 三合 (Sān Hé) sur vos doigts.

- On remarquera que le 亡神 (Wáng Shén) est la Branche Terrestre précédant le second élément de la Combinaison des Trois Harmonies 三合 (Sān Hé).

- Dans la combinaison « Si – You – Chou », You est la deuxième Branche Terrestre, précédée par Shen. Donc, Shen représente le 亡神 (Wáng Shén) pour chacune des composantes de cette harmonie : Si, You ou Chou.

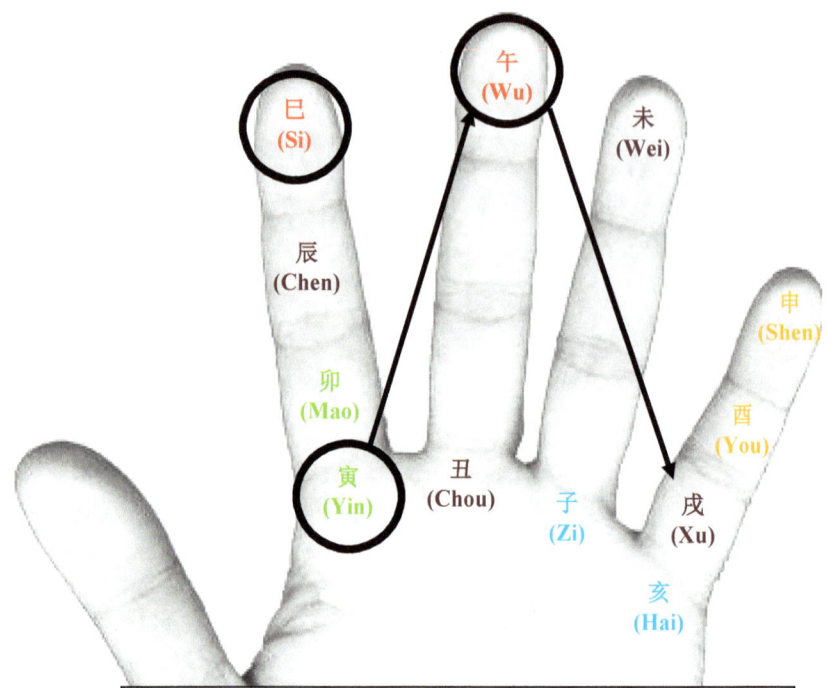

 Astuces :

- Toujours en visualisant la Combinaison des Trois Harmonies 三合 (Sān Hé) sur vos doigts.

- On remarquera que le 亡神 (Wáng Shén) est la Branche Terrestre précédant le second élément de la Combinaison des Trois Harmonies 三合 (Sān Hé).

- Dans la combinaison « Yin – Wu – Xu », Wu est la deuxième Branche Terrestre, précédée par Si. Donc, Si représente le 亡神 (Wáng Shén) pour chacune des composantes de cette harmonie : Yin, Wu ou Xu.

孤辰 (Gū Chén) L'Étoile Solitaire

Les correspondances peuvent s'illustrer comme suit :

\<孤辰 (Gū Chén) Étoile Solitaire\>			
Branches Terrestres	**Étoile Solitaire**	**Branches Tesrestres**	**Étoile Solitaire**
子(Zi) +Eau	寅(Yin) +Bois	午(Wu) +Feu	申(Shen) +Métal
丑(Chou) -Terre	寅(Yin) +Bois	未(Wei) -Terre	申(Shen) +Métal
寅(Yin) +Bois	巳(Si) -Feu	申(Shen) +Métal	亥(Hai) -Eau
卯(Mao) -Bois	巳(Si) -Feu	酉(You) -Métal	亥(Hai) -Eau
辰(Chen) +Terre	巳(Si) -Feu	戌(Xu) +Terre	亥(Hai) -Eau
巳(Si) -Feu	申(Shen) +Métal	亥(Hai) -Eau	寅(Yin) +Bois

Le 孤辰 (Gū Chén) est l'un des éléments 四生 (sì shēng) Quatre Croissances (Yin, Si, Hai ou Shen).

En se fondant cette fois sur les 三会 (Sān Huì), à savoir les Combinaisons Saisonnières/Directionnelles

- Pour « Hai – Zi – Chou », le 孤辰 (Gū Chén) est Yin.
- Pour « Yin – Mao – Chen », le 孤辰 (Gū Chén) est Si.
- Pour « Si – Wu – Wei », le 孤辰 (Gū Chén) est Shen.
- Pour « Shen – You – Xu », le 孤辰 (Gū Chén) est Hai.

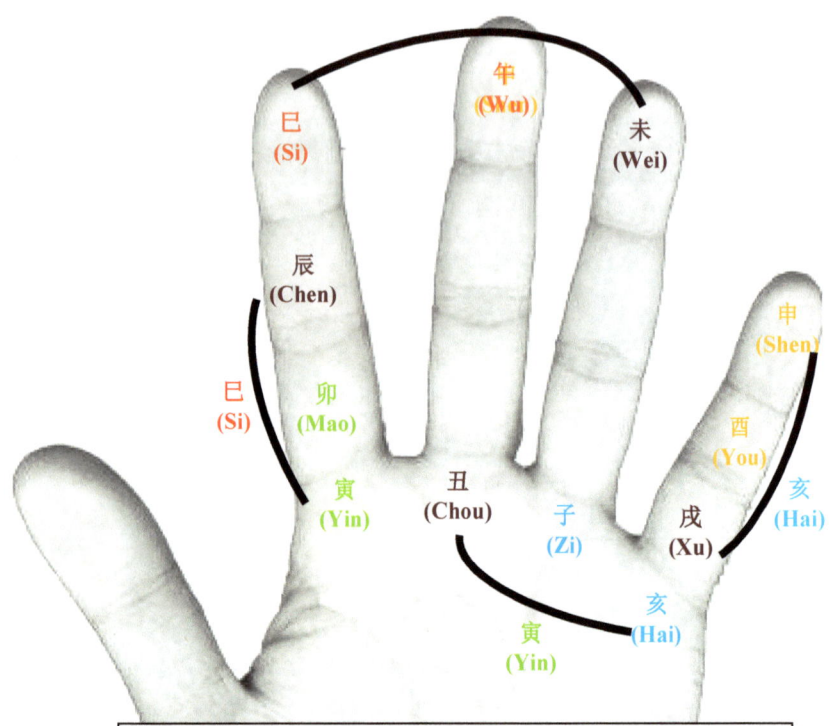

 Astuces :

- En visualisant les 三会 (Sān Huì) Combinaisons Saisonnières/Directionnelles sur les doigts
- Le 孤辰 (Gū Chén) est le 四生 (sì shēng) Quatre Croissances de la saison suivante. Par exemple, Yin – Mao – Chen est la saison du Bois. La saison suivante est le Feu et le 四生 (sì shēng) pour le Feu est Si. Si est bien le 孤辰 (Gū Chén) pour Yin – Mao – Chen.

寡宿 (Guǎ Sù) L'Étoile Isolée

Les correspondances du 寡宿 (Guǎ Sù) sont les suivantes :

寡宿 (Guǎ Sù) Étoile Isolée			
Branches Terrestres	**Étoile Isolée**	**Branches Terrestres**	**Étoile Isolée**
子(Zi) +Eau	戌(Xu) +Terre	午(Wu) +Feu	辰(Chen) +Terre
丑(Chou) -Terre	戌(Xu) +Terre	未(Wei) -Terre	辰(Chen) +Terre
寅(Yin) +Bois	丑(Chou) -Terre	申(Shen) +Métal	未(Wei) -Terre
卯(Mao) -Bois	丑(Chou) -Terre	酉(You) -Métal	未(Wei) -Terre
辰(Chen) +Terre	丑(Chou) -Terre	戌(Xu) +Terre	未(Wei) -Terre
巳(Si) -Feu	辰(Chen) +Terre	亥(Hai) -Eau	戌(Xu) +Terre

Le 寡宿 (Guǎ Sù) est l'un des 四墓 (sì mù) Quatre Tombes (Chen, Wei, Chou ou Xu).

En faisant de nouveau référence aux 三会 (Sān Huì) Combinaisons Saisonnières /Directionnelles:

- Pour Hai – Zi - Chou, le 寡宿 (Guǎ Sù) est Xu
- Pour Yin – Mao - Chen, le 寡宿 (Guǎ Sù) est Chou
- Pour Si – Wu - Wei, le 寡宿 (Guǎ Sù) est Chen
- Pour Shen – You - Xu, le 寡宿 (Guǎ Sù) est Wei

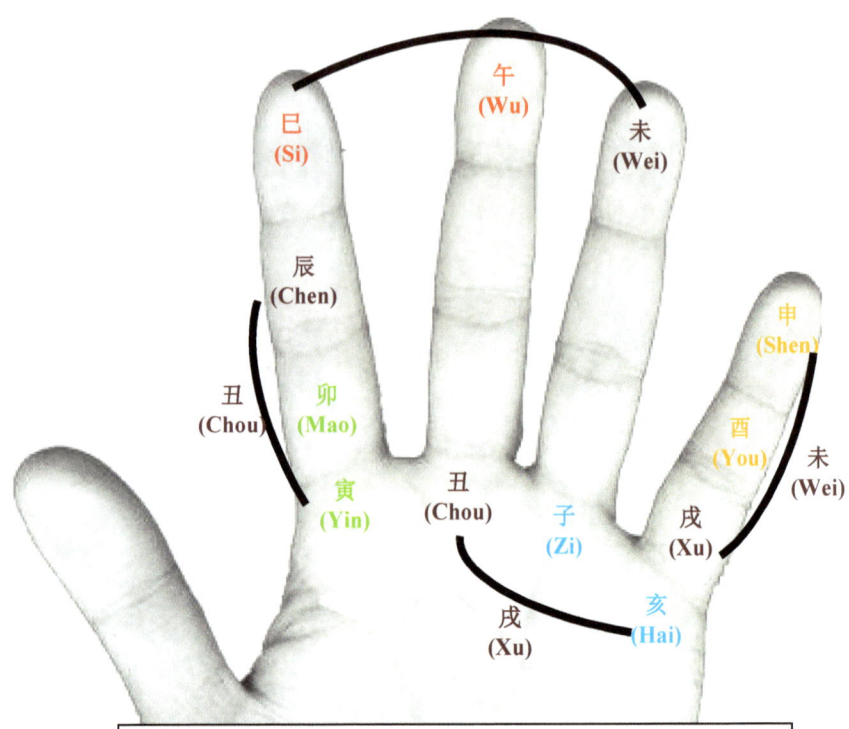

 Astuces :

- Visualisez les 三会 (Sān Huì) Combinaisons Saisonnières/Directionnelles
- Le 寡宿 (Guǎ Sù) est le 四墓 (sì mù) Quatre Tombes de la saison précédente. Par exemple, Yin – Mao – Chen représente le Bois. La saison précédente est celle de l'Eau et le 四墓 (sì mù) Quatre Tombes pour l'Eau est Chou. Donc Chou est bien le 寡宿 (Guǎ Sù) pour Yin – Mao – Chen.

Chapitre 5 – L'élévation de quatre Piliers sans utiliser un calendrier millénaire

La méthode consiste d'abord à trouver le Tronc Céleste et la Branche Terrestre de l'Année concernée ; à partir de là, d'en déduire le Tronc Céleste et la Branche Terrestre mensuels. Un peu de calcul est alors nécessaire pour obtenir le Tronc Céleste et la Branche Terrestre du Jour. Une fois le Jour obtenu, il est alors très facile de calculer le Tronc Céleste et la Branche Terrestre de l'Heure.

Il y a 10 Troncs Célestes – 5 Troncs Yang et 5 Troncs Yin. Il y a 12 Branches Terrestres – 6 Branches Yang et 6 Branches Yin. Un Tronc Yang peut seulement se coupler avec une Branche Yang et un Tronc Yin peut uniquement se coupler avec une Branche Yin ; en commençant par Jia Zi et en finissant par Gui Hai, on aboutit ainsi à 60 paires. Par conséquent, l'appariement est également appelé **60 JiaZi** (六十甲子).

Tronc Céleste et Branche Terrestre annuels

Les 60 JiaZi étant en rotation cyclique, il suffit alors d'avoir en tête une année du JiaZi et d'ajouter 60 pour obtenir l'année du Jiazi suivante : par exemple, 1924 étant une année du JiaZi. 60 ans plus tard, l'année 1984, est également une année du JiaZi, de même que 2044.

Le Tronc Céleste Jia a un cycle d'une durée de 10 ans tandis que la Branche Terrestre Zi a un cycle d'une durée de 12 ans.

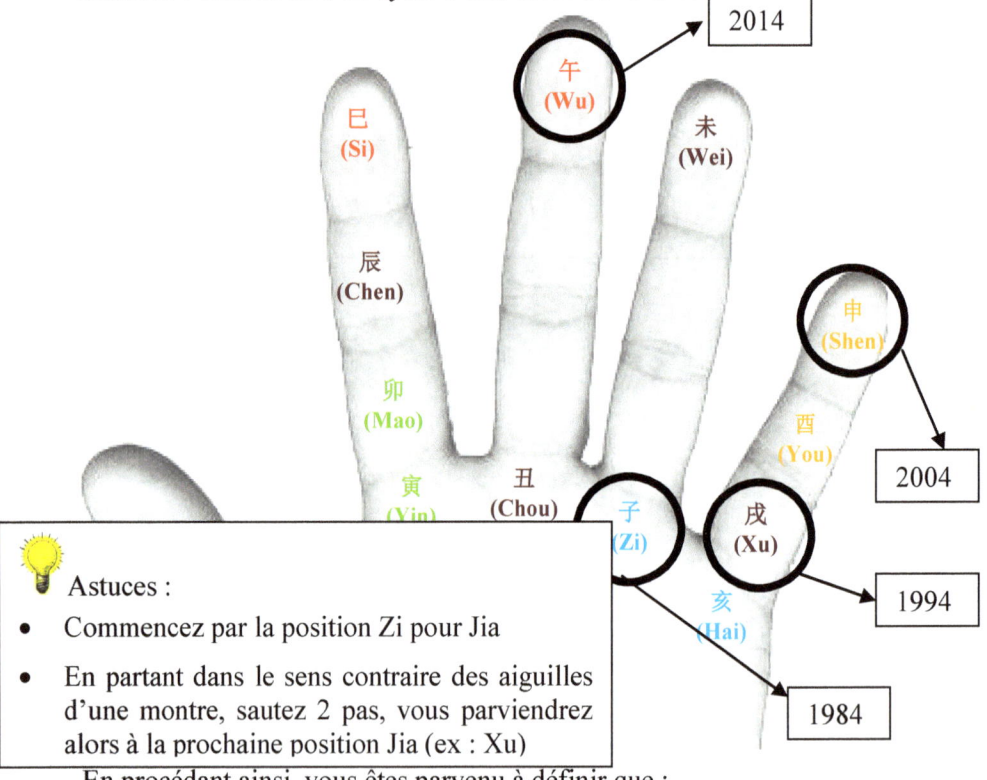

Astuces :
- Commencez par la position Zi pour Jia
- En partant dans le sens contraire des aiguilles d'une montre, sautez 2 pas, vous parviendrez alors à la prochaine position Jia (ex : Xu)

En procédant ainsi, vous êtes parvenu à définir que :

- 1984 est Jia Zi
- 1994 est Jia Xu
- 2004 est Jia Shen
- 2014 est Jia Wu

Pour obtenir l'année de votre choix, comptez dans le sens des aiguilles d'une montre à partir de la position Jia ci-dessus.

Par exemple, pour obtenir le Tronc Céleste et la Branche Terrestre 2012, vous partirez de 2004, année du Jia Shen. Ensuite, vous commencerez à compter, à partir de Jia Shen, les années Yi, Bing, Ding, Wu…jusqu'à 2012 (Ren Chen).

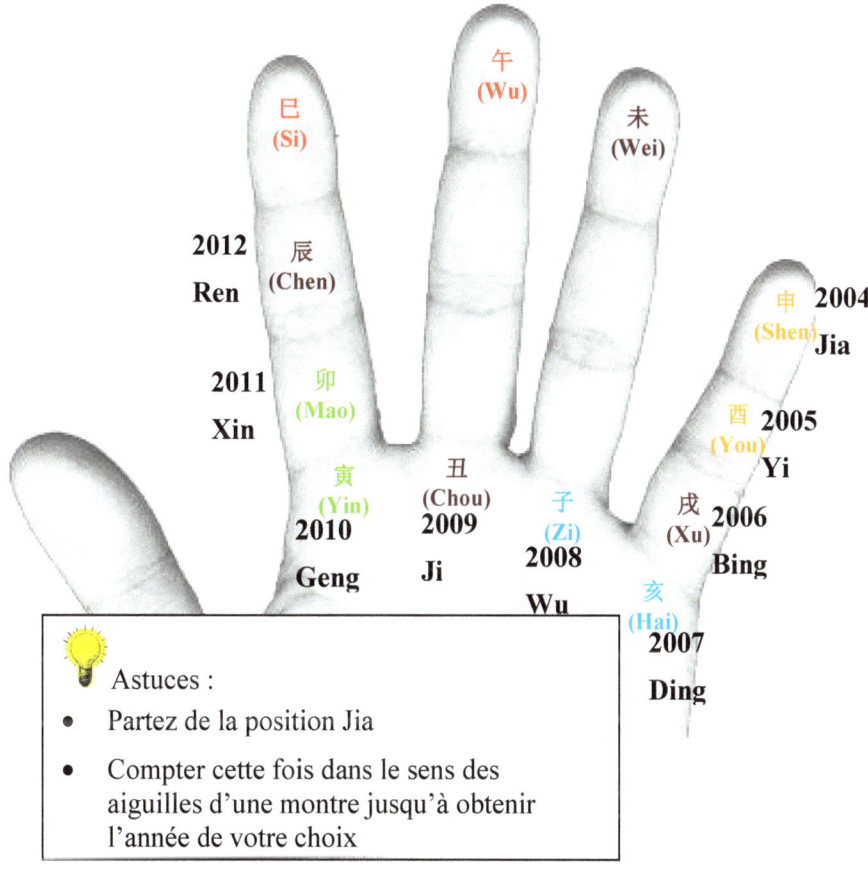

Astuces :
- Partez de la position Jia
- Compter cette fois dans le sens des aiguilles d'une montre jusqu'à obtenir l'année de votre choix

Tronc Céleste et Branche Terrestre du Mois

La formule pour obtenir le Tronc Céleste du Mois et la Branche Terrestre correspondante tire ses origines du 五虎遁 (Wǔ Hǔ Dùn) – Formule des Cinq Tigres:

甲己之年丙作首；乙庚之岁戊为头；

丙辛必定寻庚上，丁壬壬位顺水流；

若问戊癸何处起，甲寅之上好寻求。

Le principe est le suivant : la formule s'appuie sur le Tronc Céleste annuel pour en déduire le Tronc Céleste du Mois correspondant au mois 寅 Yin (Tigre). C'est la raison pour laquelle cette formule est appelée la formule des Cinq Tigres.

Année Tronc Céleste	Tronc Céleste mensuel pour le Mois Yin
Jia & Ji	Bing
Yi & Geng	Wu
Bing & Xin	Geng
Ding & Ren	Ren
Wu & Gui	Jia

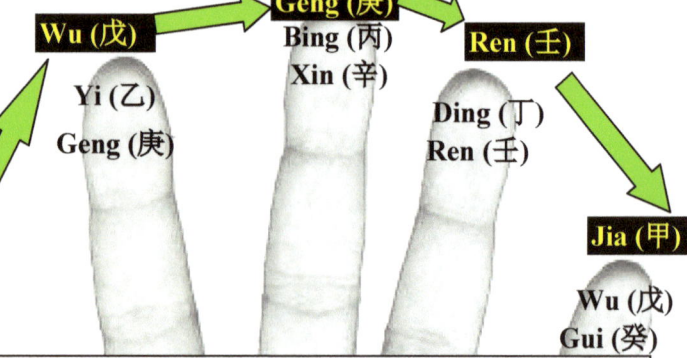

- Astuces :
- À partir du moment où 寅 Yin est une Branche Yang, Le Tronc Céleste doit également être Yang.
- Commencez à partir de Bing pour Jia et Ji.
- Bing donne naissance à Wu, donc le Tronc Céleste suivant est Wu.
- Wu donne à son tour naissance à Geng, donc le Tronc Céleste suivant est Geng.
- Geng donne ensuite naissance à Ren, donc le Tronc Céleste suivant est Ren.
- Enfin, Ren donne naissance à Jia, donc le Tronc Céleste suivant est Jia.

Après avoir trouvé quel Tronc Céleste correspond au mois 寅 Yin, obtenir le Tronc Céleste correspondant à un mois en particulier n'est désormais plus un problème.

Par exemple : Juin 2012. 2012 est l'Année Ren Chen. La Branche Terreste de Juin étant Wu et s'agissant de l'Année Ren, Le Tronc Céleste pour le mois 寅 Yin est donc Ren.

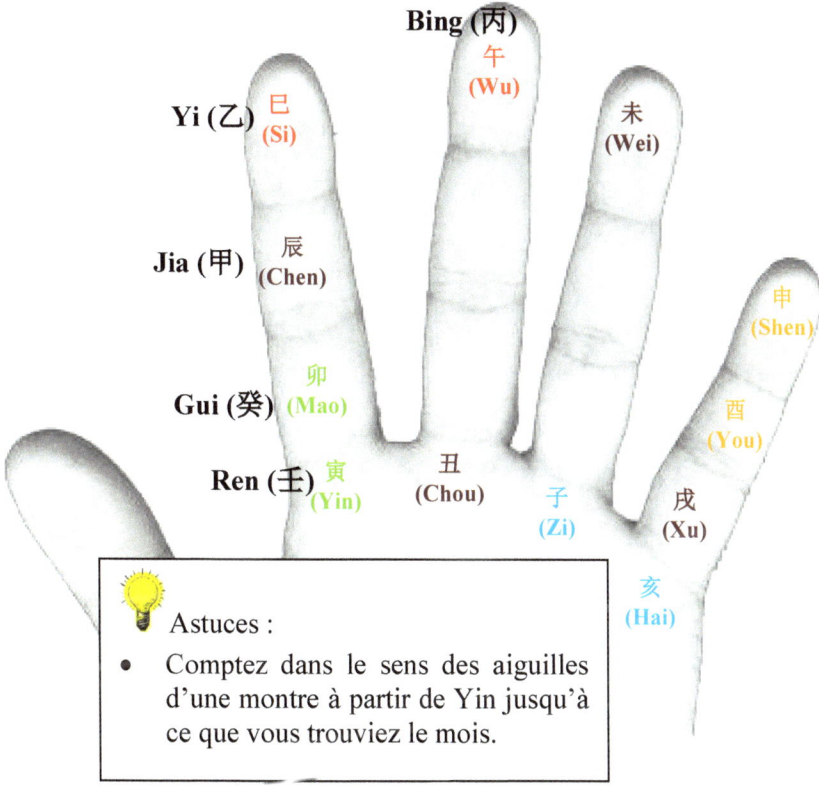

Astuces :
- Comptez dans le sens des aiguilles d'une montre à partir de Yin jusqu'à ce que vous trouviez le mois.

Donc, Juin 2012 est Bing Wu.

Le FengShui sur le bout des doigts

Tronc Céleste et Branche Terrestre du Jour

Calculer les Tronc Céleste et Branche Terrestre quotidiens est plus hardu et nécessite quelques calculs intermédiaires.

Conditions préalables :

- Si l'année se situe avant 2000, utiliser les deux derniers chiffres de l'année en question. Par exemple : 1997 s'écrit 97 pour AA.

- Si, par contre, l'année se situe après 2000, ajouter 100 aux deux derniers chiffres de l'année. Par exemple : 2012 s'écrit 112 for AA.

- Formule :

    $((AA \times 5) + (AA / 4) + 9 + JJ + (CONDITION)) / 60$, le reste sera la séquence des 60 Jia Zi.

- AA = l'année, JJ = le jour (ex : pour le 8 juin, JJ = 8)

- Par « CONDITION » on entend :
    - Si c'est un mois pair (ex : Février, Avril, Juin etc), ajouter 30.
    - Ajouter par ailleurs les chiffres suivants en fonction du mois :

Mois	*Ajouter*	*Mois*	*Ajouter*
Janv	0	Juil	2
Fév	2	Août	3
Mars	0	Sept	3
Avr	1	Oct	4
Mai	1	Nov	5
Juin	2	Déc	5

- On utilisera alors le reste de cette division pour identifier le Tronc Céleste et la Branche Terrestre du Jour
    - On divise en effet ce reste par 10 et le reste de cette dernière division sera alors la position du Tronc Céleste du Jour (1=Jia, 2=Yi, 3=Bing etc)
    - Parallèlement, on divisera ce même reste par 12 cette fois et le résultat obtenu sera alors la position de la Branche Terrestre du Jour (1=Zi, 2=Chou, 3=Yin etc)
- Exemple :
    - 20 juin 2012. L'année est Ren Chen, le Mois est Bing Wu.
    - AA = 112, JJ = 20, CONDITION = 30 (mois pair) + 2
    - (112 x 5) + (112 /4) + 9 + 20 + 32)
    - = 560 + 28 + 61
    - = 649 / 60 = 10, le reste est 49
    - Tronc Céleste : 49 / 10 = 4, reste de 9 ce qui correspond à Ren
    - Branche Terrestre : 49 / 12 = 4, reste de 1 qui se réfère à Zi
    - Le 20 Juin 2012 est donc le jour Ren Zi.

Tronc Céleste et Branche Terrestre horaires

Les Tronc Céleste et Branche Terrestre horaires s'appuient sur 五鼠遁 (Wǔ Shǔ Dùn), la Formule des Cinq Rats :

甲己还加甲；

乙庚丙做初；

丙辛从戊起；

丁壬庚子居；

戊癸何方觅，

壬子是真途。

Au départ, vous devez employez le Tronc Céleste du Jour pour en déduire le Tronc Céleste horaire correspondant à l'Heure Zi :

Tronc Céleste annuel	Tronc Céleste horaire pour l'Heure Zi
Jia & Ji	Jia
Yi & Geng	Bing
Bing & Xin	Wu
Ding & Ren	Geng
Wu & Gui	Ren

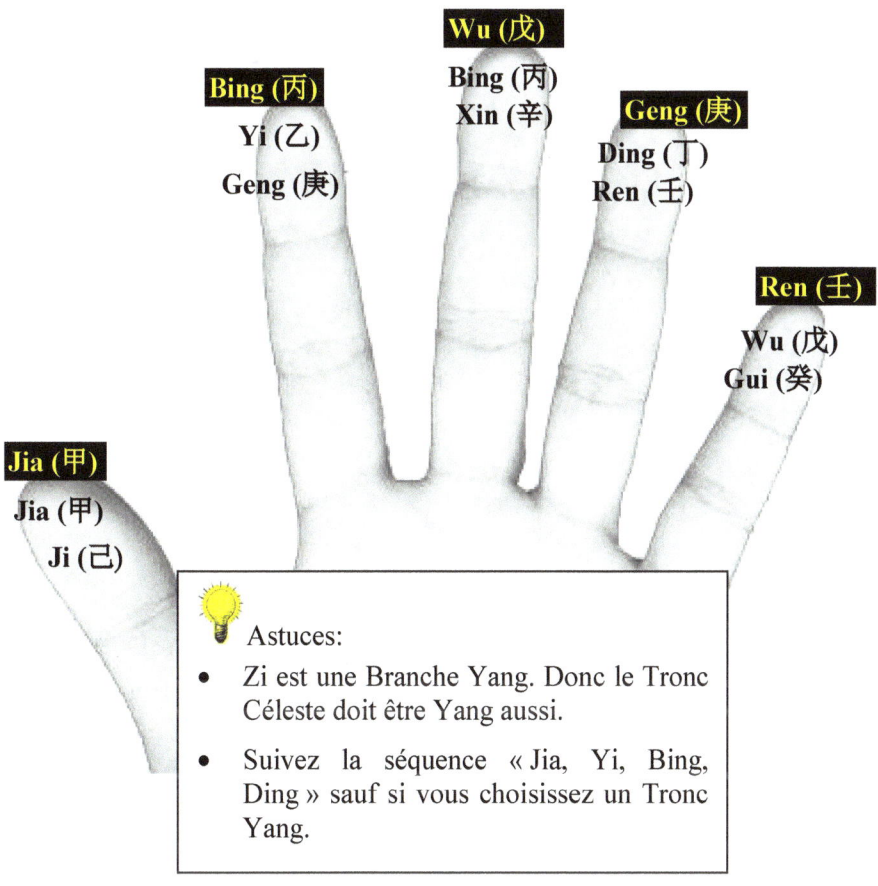

Exemple :

- Pour le 20 Juin 2012 à 15h00, l'Année est Ren Chen, le Mois est Bing Wu et le Jour est Ren Zi. La Branche Terrestre Horaire est Shen.

- Puisque le Tronc Céleste du Jour est Ren, le Tronc Céleste de l'Heure Zi est Geng.

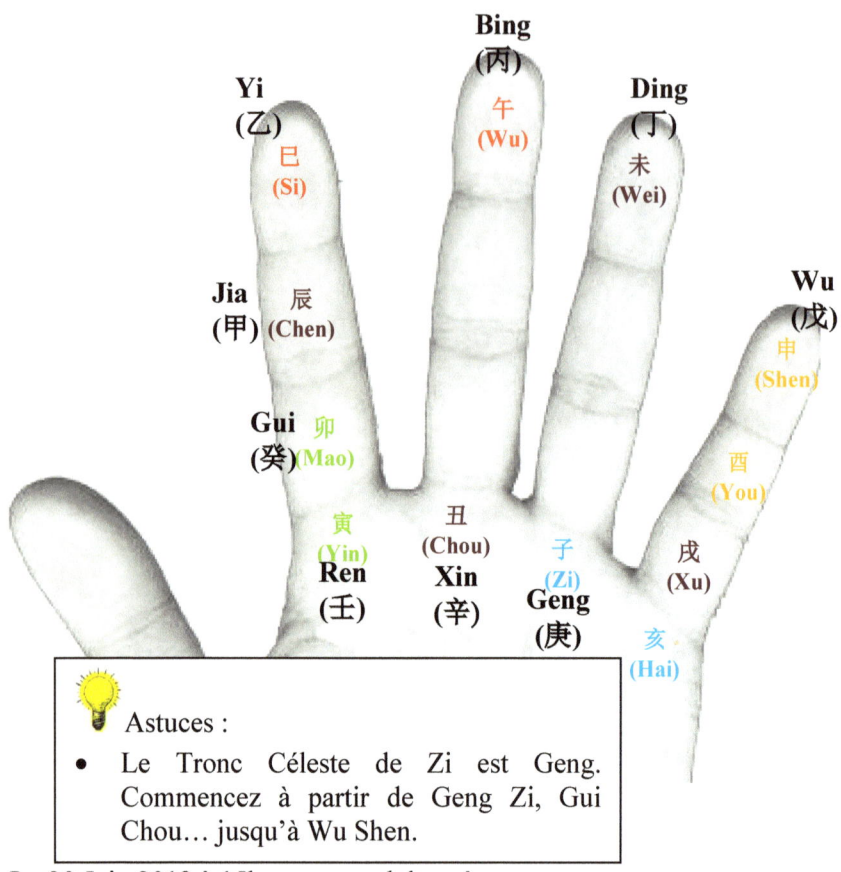

Astuces :
- Le Tronc Céleste de Zi est Geng. Commencez à partir de Geng Zi, Gui Chou… jusqu'à Wu Shen.

Le 20 Juin 2012 à 15h correspond donc à :

Heure	Jour	Mois	Année
Wu	Ren	Bing	Ren
Shen	Zi	Wu	Chen

Chapitre 6 – Les Étoiles Volantes

Les déplacements de l'Étoile Volante annuelle sur les doigts partent du centre et suivent la séquence Luo Shu (Carrés Magiques). L'étoile du centre se déplace toujours en arrière. Par exemple, l'étoile du centre est 7 pour 2011, 6 pour 2012, 5 pour 2013 et ainsi de suite.

En plaçant l'étoile du milieu au centre de vos doigts, vous pourrez ainsi positionnez toutes les étoiles.

Exemple pour 2012 (l'étoile du centre est 6) :

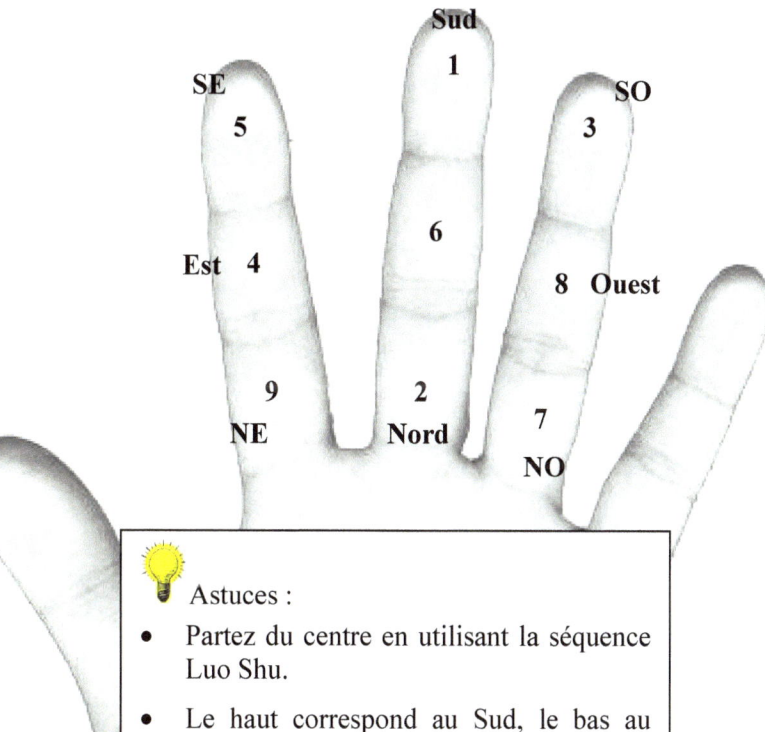

Astuces :
- Partez du centre en utilisant la séquence Luo Shu.
- Le haut correspond au Sud, le bas au Nord, la gauche à l'Est et la droite à l'Ouest.

Chapitre 7 – 8-Manoirs

Les formules des 8-Manoirs se fondent sur le poème chinois suivant :

八宅家居风水口诀

上爻一动为生气 (le changement du Yao Supérieur est Sheng Qi)
中下二爻出天医 (le changement des Yao Médian et Inférieur donne Tian Yi)
三爻全换可延年 (le changement des 3 Yao donne Yen Nian)
本卦原来是伏位 (le Gua original est Fu Wei)
中爻走出绝命来 (le changement du Yao Médian donne Jue Ming)
上下其手出六煞 (le changement des Yao Supérieur et Inférieur donne Liu Sha)
中上二爻五鬼居 (le changement des Yao Médian et Supérieur donne Wu Gui)
下爻一生祸害至 (le changement du Yao Inférieur donne Huo Hai)

Tout d'abord, il faut déterminer la disposition Gua de la maison. Ce sera Fu Wei. En utilisant Li Gua comme point de départ :

☲	→	☲	Le Gua Original est Fu Wei (Sud)
☲	→	☳	Le Yao Supérieur devient Zhen Gua (Est), qui est Sheng Qi.
☲	→	☴	Les Yao Médian et Inférieur deviennent Xun Gua (SE), Tian Yi
☲	→	☵	Les 3 Yao deviennent Kan (Nord), Yen Nian
☲	→	☰	Le Yao Médian devient Qian (NO), Jue Ming
☲	→	☷	Les Yao Supérieur et Inférieur deviennent Kun (SO), Liu Sha
☲	→	☱	Les Yao Médian et Supérieur deviennent Dui (Ouest), Wu Gui
☲	→	☶	Le Yao Inférieur devient Gen (NE), Huo Hai

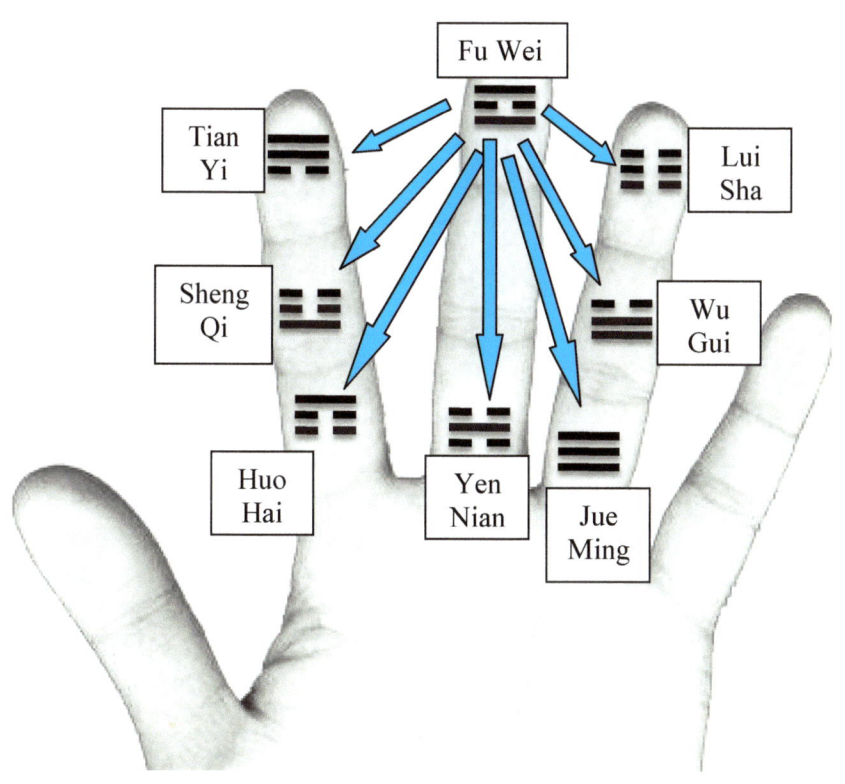

Chapitre 8 – Le San Sha

Le San Sha annuel est une direction qui est la résultante des éléments suivants :

Branche Terrestre annuelle	Structure	San Sha
Yin, Wu, Xu	Feu	Nord
Si, You, Chou	Métal	Est
Shen, Zi, Chen	Eau	Sud
Hai, Mao, Wei	Bois	Ouest

En fait, en utilisant les formules et l'orientation des 三合 (**Sān Hé**) **Combinaisons des Trois Harmonies** et des 三会 (**Sān Huì**) **Combinaisons Saisonnière/Directionnelle**, vous pouvez déterminer facilement le secteur San Sha à l'aide de vos doigts :

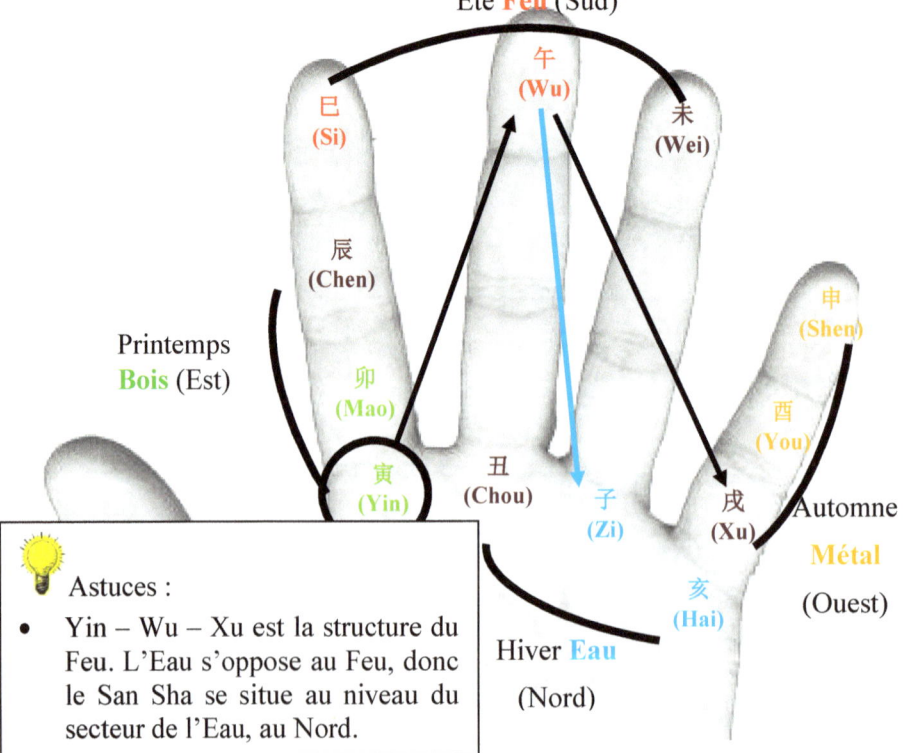

Astuces :
- Yin – Wu – Xu est la structure du Feu. L'Eau s'oppose au Feu, donc le San Sha se situe au niveau du secteur de l'Eau, au Nord.

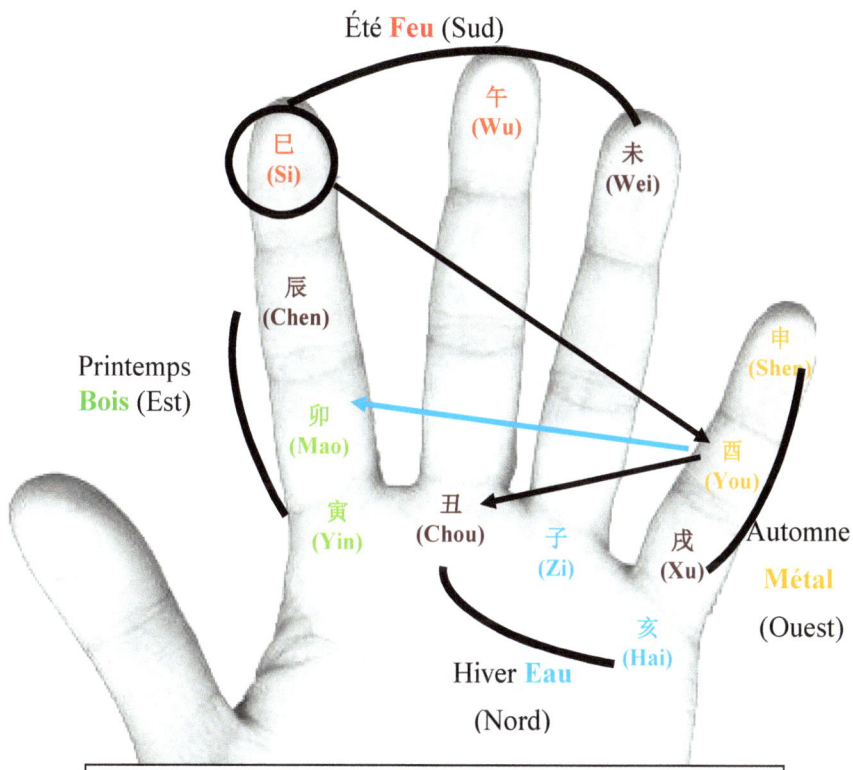

Astuces :
- Si – You – Chou est la Structure de Métal. Le Métal s'oppose au Bois, donc le San Sha se situe au niveau du secteur du Bois, qui est à l'Est.

Le FengShui sur le bout des doigts

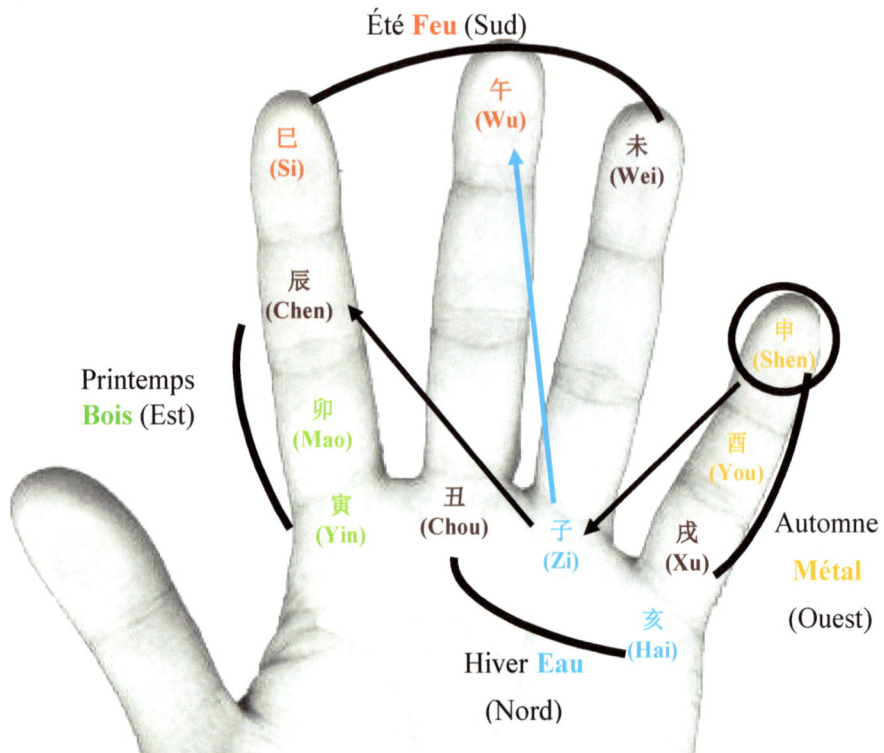

> 💡 **Astuces :**
> - Shen – Zi – Chen est la Structure de l'Eau. L'Eau s'oppose au Feu, donc le San Sha se situe au niveau du secteur du Feu, qui est au Sud.

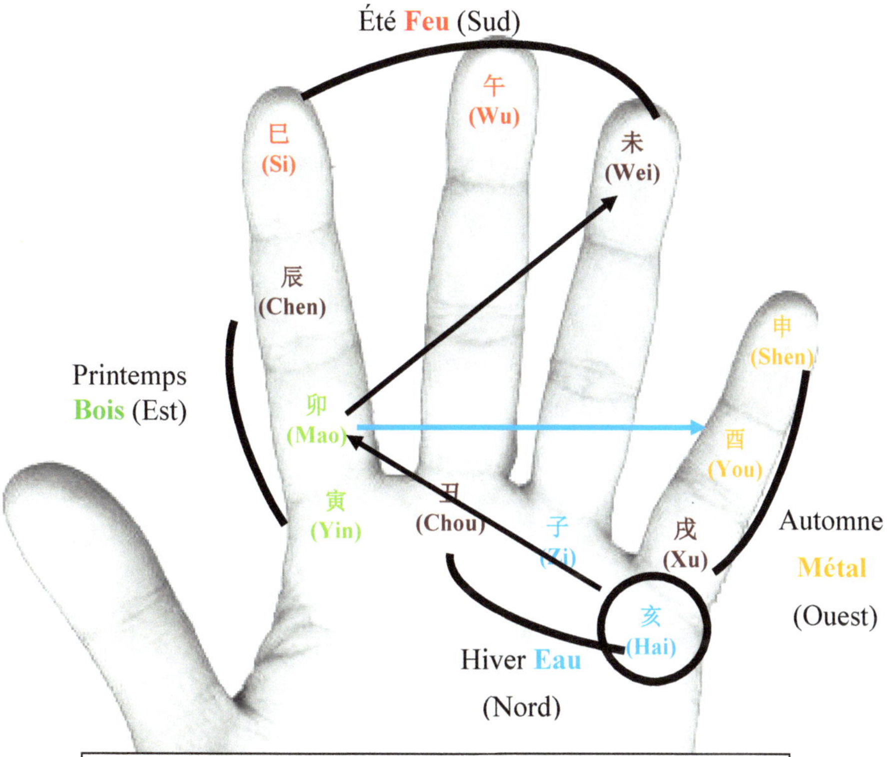

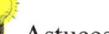

Astuces :

- Enfin, Hai – Mao – Wei est la Structure du Bois. Le Métal s'oppose au Bois, donc le San Sha se situe au niveau du secteur du Métal, qui est à l'Ouest.

Chapitre 9 – Le Qi Men Dun Jia

Le Di Pan

Le Di Pan se compose du Trigramme « Ciel Postérieur » ou « Ba Gua » et des 12 Branches Terrestres. Le positionnement dans le 九宫八卦图 (tableau des 9 Palais et 8 Trigrammes) se fait comme suit :

	SE (东南)	Sud (正南)	SO (西南)	
	巳 (Si) 巽四宫 (Xun 4) 辰 (Chen)	午 (Wu) 离九宫 Li 9	未 (Wei) 坤二宫 (Kun 2) (Shen) 申	
Est (正东)	卯 (Mao) 震三宫 (Zhen 3)	中宫 (Milieu 5)	(You) 酉 兑七宫 (Dui 7)	Ouest (正西)
	寅 (Yin) 艮八宫 (Gen 8) 丑 (Chou)	坎一宫 (Kan 1) 子 (Zi)	(Xu) 戌 乾六宫 (Qian 6) 亥 (Hai)	
	NE (东北)	Nord (正北)	NO (西北)	

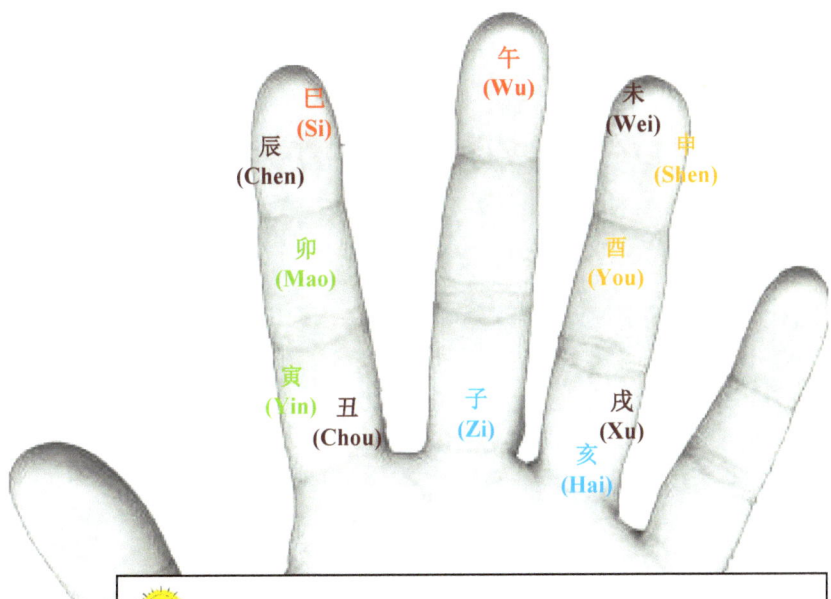

> 💡 Astuces :
> - Il y a toujours deux Branches Terrestres à chaque coin.

Le FengShui sur le bout des doigts

Le Tian Pan

Le Tiān Pán se compose de 九星 (Jiǔ Xīng) ou 9 Étoiles.

	SE (东南)	Sud (正南)	SO (西南)	
	天辅 (Tiān Fǔ) 巽四宫 (Xun 4)	天英 (Tiān Yīng) 离九宫 Li 9	天芮 (Tiān Ruì) 坤二宫 (Kun 2)	
Est (正东)	天冲 (Tiān Chōng) 震三宫 (Zhen 3)	天禽 (Tiān Qín) 中宫 (Milieu 5)	天柱 (Tiān Zhù) (You) 酉 兑七宫 (Dui 7)	Ouest (正西)
	天任 (Tiān Rèn) 艮八宫 (Gen 8)	天蓬 (Tiān Péng) (Kan 1)	天心 (Tiān Xīn) 乾六宫 (Qian 6)	
	NE (东北)	Nord (正北)	NO (西北)	

Avoir en tête la position de départ vous permettra de connaître l'élément correspondant à chacune des 九星 (Jiǔ Xīng). Par exemple, 天蓬 (Tiān Péng) se trouve à l'origine au Palais Kan 1, donc il est de l'élément de l'Eau (Nord). Par conséquent, en partant du Palais Kan 1 et dans le sens des aiguilles d'une montre, vous obtenez à la suite de 天蓬 (Tiān Péng), 天任 (Tiān Rèn), 天冲 (Tiān Chōng), 天辅 (Tiān Fǔ), 天英 (Tiān Yīng), 天芮 (Tiān Ruì), 天柱 (Tiān Zhù), 天心 (Tiān Xīn) et 天禽 (Tiān Qín) au centre.

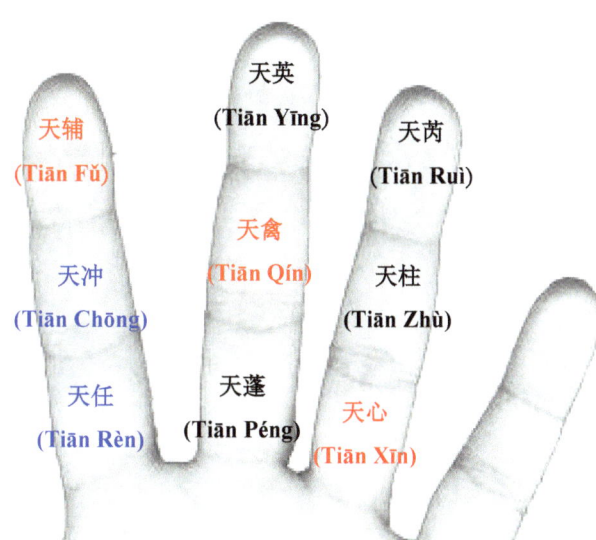

 Astuces : observer la configuration

- La couleur rouge correspond à l'Étoile de Bon Augure.
- La couleur noire correspond à l'Étoile de Mauvais Augure.
- La couleur bleue correspond à l'Étoile modérée.

Le Ren Pan

La disposition d'origine (ou 伏吟 Fú Yín) du 八门 (Bā Mén) ou 8-portes des 9 Palais se représente comme telle :

	SE (东南)	Sud (正南)	SO (西南)	
	杜门 (Dù Mén) 巽四宫 (Xun 4)	景门 (Jǐng Mén) 离九宫 Li 9	死门 (Sǐ Mén) 坤二宫 (Kun 2)	
Est (正东)	伤门 (Shāng Mén) 震三宫 (Zhen 3)	中宫 (Milieu 5)	惊门 (Jīng Mén) (You) 酉 兑七宫 (Dui 7)	Ouest (正西)
	生门 (Shēng Mén) 艮八宫 (Gen 8)	休门 (Xiū Mén) (Kan 1)	开门 (Kāi Mén) 乾六宫 (Qian 6)	
	NE (东北)	Nord (正北)	NO (西北)	

Avoir en tête la position d'origine vous permettra de connaître l'élément correspondant à chacune des 八门 (Bā Mén) ou 8-portes. Par exemple, 休门 (Xiū Mén) se trouve au Palais Kan 1, qui est l'élément de l'Eau (Nord). Par conséquent, en partant du Palais Kan 1 et dans le sens des aiguilles d'une montre, vous obtenez 休 → 生 → 伤 → 杜 → 景 → 死 → 惊 → 开 (Xiū → Shēng → Shāng → Dù → Jǐng → Sǐ → Jīng → Kāi) qui sont chacune des 8 portes concernées.

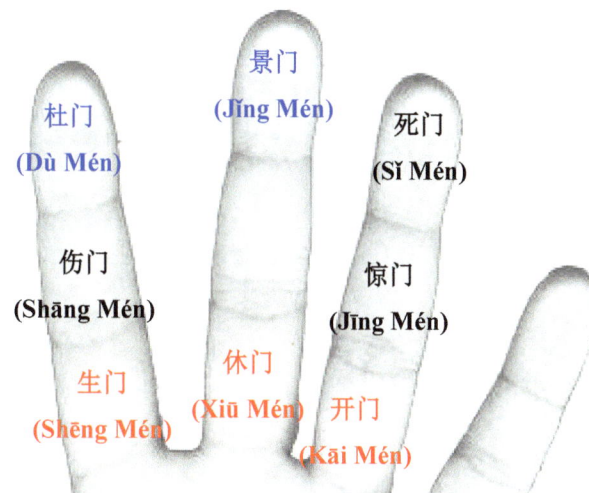

 Astuces : en visualisant ces portes sur les doigts
- La couleur rouge renvoie à l'Homme de Bon Augure.
- La couleur noire renvoie à l'Homme de Mauvais Augure.
- La couleur bleue renvoie à l'Homme modéré.

旬首 (Leader - Xún Shǒu)

Les éléments du Xún Shǒu sont détaillés comme suit dans le tableau :

Xun	Jia Zi Xun	Jia Xu Xun	Jia Shen Xun	Jia Wu Xun	Jia Chen Xun	Jia Yin Xun
60 Jia Zi	甲(Jia) 子(Zi)	甲(Jia) 戌(Xu)	甲(Jia) 申(Shen)	甲(Jia) 午(Wu)	甲(Jia) 辰(Chen)	甲(Jia) 寅(Yin)
	乙(Yi) 丑(Chou)	乙(Yi) 亥(Hai)	乙(Yi) 酉(You)	乙(Yi) 未(Wei)	乙(Yi) 巳(Si)	乙(Yi) 卯(Mao)
	丙(Bing) 寅(Yin)	丙(Bing) 子(Zi)	丙(Bing) 戌(Xu)	丙(Bing) 申(Shen)	丙(Bing) 午(Wu)	丙(Bing) 辰(Chen)
	丁(Ding) 卯(Mao)	丁(Ding) 丑(Chou)	丁(Ding) 亥(Hai)	丁(Ding) 酉(You)	丁(Ding) 未(Wei)	丁(Ding) 巳(Si)
	戊(Wu) 辰(Chen)	戊(Wu) 寅(Yin)	戊(Wu) 子(Zi)	戊(Wu) 戌(Xu)	戊(Wu) 申(Shen)	戊(Wu) 午(Wu)
	己(Ji) 巳(Si)	己(Ji) 卯(Mao)	己(Ji) 丑(Chou)	己(Ji) 亥(Hai)	己(Ji) 酉(You)	己(Ji) 未(Wei)
	庚(Geng) 午(Wu)	庚(Geng) 辰(Chen)	庚(Geng) 寅(Yin)	庚(Geng) 子(Zi)	庚(Geng) 戌(Xu)	庚(Geng) 申(Shen)
	辛(Xin) 未(Wei)	辛(Xin) 巳(Si)	辛(Xin) 卯(Mao)	辛(Xin) 丑(Chou)	辛(Xin) 亥(Hai)	辛(Xin) 酉(You)
	壬(Ren) 申(Shen)	壬(Ren) 午(Wu)	壬(Ren) 辰(Chen)	壬(Ren) 寅(Yin)	壬(Ren) 子(Zi)	壬(Ren) 戌(Xu)
	癸(Gui) 酉(You)	癸(Gui) 未(Wei)	癸(Gui) 巳(Si)	癸(Gui) 卯(Mao)	癸(Gui) 丑(Chou)	癸(Gui) 亥(Hai)
空亡 (Kōng Wáng)	戌(Xu), 亥(Hai)	申(Shen), 酉(You)	午(Wu), 未(Wei)	辰(Chen), 巳(Si)	寅(Yin), 卯(Mao)	子(Zi), 丑(Chou)
旬首 (Xún Shǒu)	戊(Wu)	己(Ji)	庚(Geng)	辛(Xin)	壬(Ren)	癸(Gui)

Donc, si un jour est Jia Zi, utilisez Wu. Si un jour est Jia Xu, utilisez Ji, et ainsi de suite.

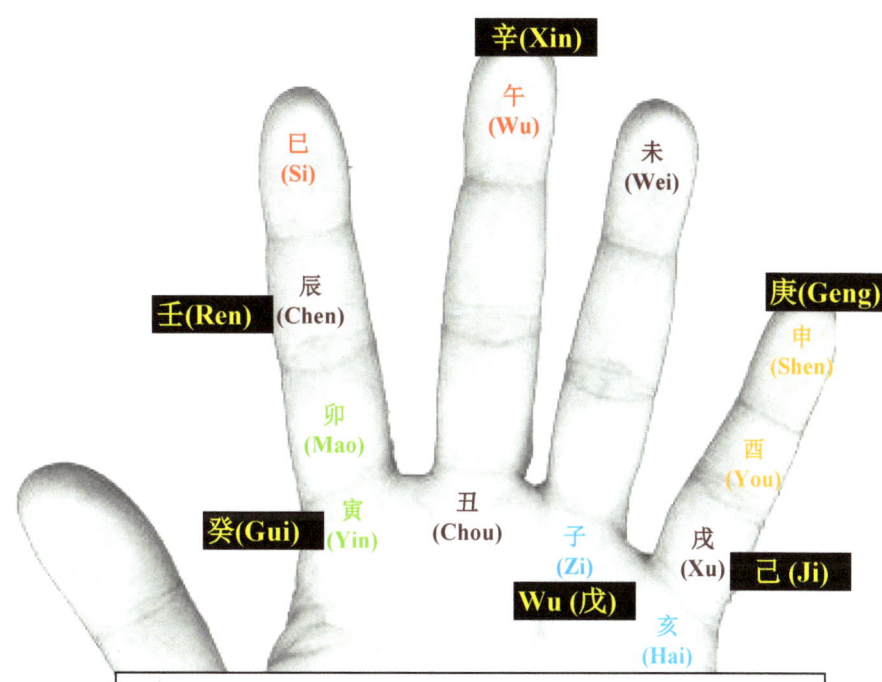

 Astuces :

- Jia étant un Tronc Yang, il est uniquement compatible avec une Branche Yang.

- En partant de Zi et dans le sens contraire des aiguilles d'une montre, vous obtenez Wu → Ji → Geng → Xin → Ren → Gui

- Donc JiaZi → Wu, JiaXu → Ji, JiaShen → Geng, JiaWu → Xin, JiaChen → Ren, JiaYin → Gui

INDEX

8-Manoirs, 102

9 Palais, 108, 112

Ba Gua, 16, 17, 18, 20, 108

Bā Mén, 112

Branches Terrestres, 27, 29, 31, 35, 37, 49, 51, 55, 57, 91, 108

Carte de la rivière, 10

Carte de la Rivière, 10

Connaissances de Base, 9

Di Pan, 108

Formule des Cinq Tigres, 93

He Tu, 11, 14, 16

Kōng, 55, 114

l'Eau, 9, 10, 11, 14, 110, 112

la Formule des Cinq Rats, 98

La Mort et le Vide, 55

la Terre, 9, 10, 12, 14, 23, 29, 35

La Terre, 9

le Bois, 9, 10, 23

Le Bois, 10

Le Cheval Voyageur, 56

Le concept des Cinq Éléments, 9

le feu, 10

le Feu, 9, 10, 11, 23, 37

Le Feu, 9, 10, 14

le Métal, 9, 10, 23

Le Métal, 9, 10, 14

Le Ren Pan, 112

Les Branches Terrestres, 27, 28, 35, 37, 42, 45, 49, 51, 53, 56

Les Carrés Magiques, 14

Les Cinq Éléments, 9

Les Étoiles Volantes, 101

Les Quatre Tombes, 35

Luo Shu, 15

Qi Men Dun Jia, 108

Ren Pan, 112

San Sha, 104

Shāng Mén, 112, 113

Six Combinaisons, 49

Tian Pan, 110

Troncs Célestes, 22, 23, 25, 31, 33, 35, 55, 91

Xún Shǒu, 114

Yì Mǎ, 56, 57, 58, 59, 60, 61

三会 (Sān Huì) Les Combinaisons Saisonnières/Directionnelles, 29

三合 (Sān Hé) La Combinaison des Trois Harmonies, 37

六冲 (Liù Chōng) Les Six Conflits/Heurts, 45

六合 (Liù Hé) Les Six Combinaisons, 49

华盖 (Huá Gài) L'Étoile des Arts, 62

四墓 (sì mù) Les Quatre Tombes, 35

四正 (sì zhèng) Les Quatre Cardinaux, 28, 33

四生 (sì shēng) Les Quatre Croissances, 28, 31

四生 (sì shēng) Quatre Croissances, 42, 57, 77, 82, 87

孤辰 (Gū Chén) L'Étoile Solitaire, 87

寡宿 (Guǎ Sù) L'Étoile Isolée, 89

桃花 (Táo Huā) La Fleur romantique, 67

相害 (Xiāng Hài) Heurts conflictuels / Désagrément, 51

相破 (Xiāng Pò) Heurts induits / Destruction/ Rupture, 53

空亡 (Kōng Wáng), 55, 56

自刑 (Zì Xíng) L'autoflagellation / Punition, 47

Livres de l'Auteur

Contrôlez votre Destinée en maîtrisant le Qi Men Dun Jia

(ISBN : 978-981-08-7136-9)

Ce livre a été écrit de telle sorte qu'il peut être utilisé en tant que simple livre destiné à la lecture mais aussi comme une référence pour les pratiquants : Partie I – Eléments de Base, Partie II – L'Ingrédient principal, Partie III – L'Ingrédient complémentaire, Partie IV – La Cuisson, Partie V – Le Festin. Cela ressemble donc aux étapes de préparation et de dégustation d'un plat.

Ce livre commence par une présentation de l'histoire du Qi Men Dun Jia et mentionne les principales figures historiques (ex : Zhuge Liang, Mao Zedong) qui l'ont utilisé pour remporter des victoires militaires.

Partie I – Eléments de Base contient des notions basiques de la métaphysique chinoise et s'adresse davantage à des personnes qui n'y sont pas encore initiées. Découvrir ces informations est importante pour ceux qui veulent non seulement apprendre le Qi Men Dun Jia mais également la métaphysique chinoise en général.

Partie II – L'Ingrédient principal décrit chaque élément du Qi Men Dun Jia et ses attributs.

Partie III – L'Ingrédient complémentaire renferme des informations plus poussées sur le Qi Men Dun Jia. Le livre contient des renseignements sur les Combinaisons des Troncs, les combinaisons Ba Men et les combinaisons Jiu Xing & Ba Men. Les tableaux spéciaux du Qi Men Dun Jia et leur usage font en outre l'objet d'une présentation.

Partie IV – La Cuisson, décrit, à l'aide de deux méthodes (Chai Bu et Zhi Run), les manières de déterminer le tableau du Qi Men Dun Jia.

Partie V – Le Festin fournit des exemples sur les méthodes d'application du Qi Men Dun Jia.

Qi Men Dun Jia (奇门遁甲) Chāi Bù (拆布) Calendrier anglais 2011-2020

(ISBN : 978-981-08-7386-8)

Ce livre offre les tableaux de méthode et le calendrier en anglais du Qi Men Dun Jia Chāi Bù (拆布). Cela permet à ceux qui ne peuvent lire le chinois de comprendre le calendrier Qi Men Dun Jia Chāi Bù (拆布). Ce livre s'articule en trois parties.

La première partie contient les indications nécessaires pour la compréhension du tableau de Qi Men Dun Jia. La deuxième partie traite du calendrier Métaphysique de l'année 2011 à 2020. Les renseignements inclus vous permettent de déterminer le bazi pour une date et une heure données et vous fournit des indications à propos des 1080 tableaux Qi Men Dun Jia Chāi Bù (拆布). La troisième partie contient tous les tableaux Yang Dun et Yin Dun Qi Men Dun Jia Chāi Bù (拆布).

Grâce à ces informations, vous pourrez obtenir facilement le tableau Qi Men Dun Jia adéquat pour une date et une heure données. Vous pouvez ensuite vous référer au livre **Contrôlez votre Destinée en maîtrisant le Qi Men Dun Jia** pour en aborder l'interprétation. De plus, en vous fondant sur vos propres critères de sélection, vous pouvez parcourir les 1080 tableaux afin de trouver un tableau Qi Men Dun Jia de bon augure. La section calendrier vous renseignera sur les bonnes dates et heures.

Mise en pratique du Qi Men Dun Jia (奇门遁甲)

(ISBN : 978-981-08-9837-3)

Ce livre se caractérise par vision plus laïque du Qi Men Dun Jia. Plus de 80 tableaux Qi Men Dun Jia sont utilisés pour illustrer les points suivants :

Divination

- Divination de Questions Générales
- Marriage/Relation
- Carrière
- Affaire Commerciale et Possibilité de Richesse
- Produits/Services
- Maladie
- Examen/Contrôles/Étude/Interview

- Condition Fengshui d'une maison
- Trouver une place de parking ou un siège vide
- Justesse des informations

Application

- Application des questions générales
- Demander une faveur à votre patron
- Négocier avec votre patron
- Interview
- Soumission de proposition
- Négociations commerciales

Divination

Pour chaque type de divination, de bons et mauvais cas sont présentés et expliqués en détail. Par exemple, pour la divination du Marriage/Relation, le livre vous renseignera sur les moyens de détecter un problème dans le marriage, l'existence d'un troisième parti impliqué ou encore l'auteur du rejet. Pour la santé, vous saurez comment identifier une maladie et trouver un docteur compétent pour la traiter.

Application

Comment utiliser le pouvoir du Qi Men Dun Jia pour demander des faveurs au patron, comment réussir son interview, sa soumission de proposition et comment conduire une négociation commerciale.

Série de Recueils Qi Men Dun Jia

Volume 1 : (ISBN : 978-981-07-0509-1)

Volume 2 : (ISBN : 978-981-07-0510-7)

Volume 3 : (ISBN : 978-981-07-0511-4)

Cette série de recueils fournit au lecteur des informations détaillées introuvables dans les livres chinois.

Volume-1 contient le Qi Men Dun Jia Chāi Bù (拆布) et un calendrier de méthode Heure Qi Men en anglais du Zhí Rùn (直闰) de l'année 1930 à 2020

Volume-2 renferme 540 tableaux Qi Men Dun Jia Yang Dun accompagnés d'explications détaillées pour chacun, par palais.

Volume-3 présente 540 tableaux Qi Men Dun Jia Yin Dun accompagnés d'explications détaillées pour chacun, par palais.

Grâce aux recueils, les lecteurs peuvent :

-Utiliser le passé pour déterminer le tableau Qi Men Dun Jia et tirer des leçons du passé.

- Utiliser le passé pour déterminer le tableau Qi Men Dun Jia fondé sur la date et l'heure de naissance

-Interpréter immédiatement le tableau Qi Men Dun Jia à partir des informations disponibles à chaque palais.

-Utiliser le calendrier et les tableaux pour appliquer le Qi Men Dun Jia.

-Accéder rapidement aux tableaux Qi Men Dun Jia de bon ou mauvais augure

Prestations

Conseil en Feng Shui

- Audit d'immeuble commerciaux
- Audit de maison
- Audit d'appartement

Conseil sur l'avenir

- Prédiction à l'occasion d'un entretien individuel

Enseignement

- Classe de Qi Men Dun Jia Elémentaire
- Classe de Qi Men Dun Jia Avancé

Autres Prestations

Nous proposons également d'autres services sur demande :

- Choisir un appartement
- Divination (Qi Men Dun Jia, Yi Jing, Mei Hua Xin Yi etc)
- Choisir une date (Monter une entreprise, Marriage, Enregistrement de mariage, Signature de contrat, Passer un examen/contrôle, Événements importants etc)
- Classes et discussions de Métaphysique chinoise
- Autres services en relation avec la Métaphysique Chinoise

Pour plus de détails, veuillez consulter http://www.fengshui-hacks.com/.

www.ingramcontent.com/pod-product-compliance
Lightning Source LLC
Chambersburg PA
CBHW041432300426
44117CB00001B/7